샛별처럼 빛나는 방방곡곡 여성 위인들

숨쉬는 책공장

샛별처럼 빛나는 방방곡곡 여성 위인들

ⓒ 이주현, 율마 2017

발행일 1쇄 2017년 8월 21일
      3쇄 2020년 9월 28일

글 이주현

그림 율마

펴낸이 김경미

편집 김유민

디자인 이진미

펴낸곳 숨쉬는책공장

등록번호 제2018-000085호

주소 서울시 은평구 갈현로25길 5-10 A동 201호(03324)

전화 070-8833-3170 **팩스** 02-3144-3109

전자우편 sumbook2014@gmail.com

페이스북 / soombook2014 **트위터** @soombook

값 16,500원

ISBN 979-11-86452-24-0 74990

ISBN 979-11-86452-23-3 (세트) 74990

* 잘못된 책은 구입한 서점에서 바꿔 드립니다.

이 도서의 국립중앙도서관 출판시도서목록(CIP)은
서지정보유통지원시스템 홈페이지(http://seoji.nl.go.kr)와
국가자료공동목록시스템(http://www.nl.go.kr/kolisnet)에서
이용하실 수 있습니다.(CIP제어번호: CIP2017018016)

샛별처럼 빛나는 방방곡곡 여성 위인들

글 이주현
그림 율마

숨쉬는 책공장

들어가는 말

남성 중심적 역사에 가려져 주목받지 못한 여성 위인들에게 빛을 밝혀 주고자 이 이야기를 쓰게 되었습니다. 예를 들어 연개소문은 잘 알려졌어도 그의 여동생 연수영은 잘 알려지지 않았고, 독립운동가 안중근, 안창호는 알려졌어도 남자현, 윤희순, 부춘화는 알려지지 않았습니다. 또한 의상 디자이너 앙드레김은 알려졌어도 노라노는 잘 알려지지 않았고, 소리꾼 신재효는 잘 알아도 여성 소리꾼 진채선은 낯섭니다. 남성 못지않게 여성도 많은 업적을 쌓아 왔는데 그동안 역사가 남성 중심적으로 쓰인 탓에 여성 위인들의 이야기가 널리 알려지지 못한 것입니다. 최근 들어서는 사람들의 의식이 변화되어 위대한 여성 인물을 찾고 그들의 삶을 기록하는 작업이 예전보다 활발하게 이루어지고 있지만 이 작업은 앞으로도 계속되어야 한다고 생각합니다.

《샛별처럼 빛나는 방방곡곡 여성 위인들》에서는 과거 남성 중심 역사의 벽을 뚫고 자신의 꿈과 희망을 향해 열정을 쏟아 낸 15명의 빛나는 여성 위인들 이야기를 담아냈습니다. 15명의 위인들은 신분과 계급, 남녀 차별이 지배했던 시대의 편파적 상황을 극복하고 오로지 자신이 하고자 하는 일에 대해 뜻을 굽히지 않고 적극적인 삶을 살아온 위대한 사람들입니다. 또한 15명과 관련한 유적지를 둘러보면서 이들의 업적을 더욱 생생하게 몸으로 느낄 수 있도록 유적지 소개도 함께 넣었습니다. 유적지 보존이 어려워 흔적이 거의 없어진 곳은 그 주변 장소에 대한 설명을 넣었으니 그곳을 탐방하면서 위인의 얼을 느껴 보아도 좋을 듯싶습니다. 각 인물 이야기의 끝부분에는 창의력 활동을 해 볼 수 있는 장을 만들었습니다. 창의력 활동 내용은 지은이가 10년 동안 독서와 논술을 지도하면서 재미있게 활동했던 내용들을 간추린 것입니다. 활동 방법을 구

체적으로 설명해 놓아서 혼자서 활동하는 데에도 별 어려움이 없습니다.

  책이 나오기까지 많은 우여곡절이 있었습니다. 일을 하면서 박사 논문을 쓰면서 동시에 이 책의 글을 썼습니다. 그런데 그보다 더 큰일은 글 작업을 모두 마친 뒤 그림 작가님과의 첫 미팅을 앞두고 있을 때 오빠가 불의의 사고로 중환자실에 실려 갔던 일이었습니다. 그림 작가님과 첫 미팅이 잡혔던 날은 오빠가 세상을 떠난 날이었는데 발리행을 앞두고 계신 그림 작가님과의 약속을 어길 수가 없어 잠시 상복을 벗고 서울로 달려갔던 그날이 지금도 잊히지가 않습니다.

  이 책을 내면서 나 자신과 했던 약속을 지킬 수 있게 되어 기쁩니다. 그 약속은 15년 전에 교통사고로 하늘나라에 가신 선배님께서 대학원 후배들에게 남기신 '정미진 장학금'을 받던 날 더 이상 문학의 큰 꿈을 펼치지 못하고 가신 선배님을 대신해서 좋은 책을 내놓겠다는 약속이었습니다. 살아오면서 이러저러한 일로 10년이 넘게 약속을 지키지 못했지만 이제야 첫 단행본으로 그 약속을 지키게 되어 다행이라 생각합니다.

  이 책을 기다리다 끝내 못 보고 하늘나라로 가신 사랑하는 나의 오빠와 젊은 나이에 문학의 광장을 떠나 하늘나라로 가신 정미진 선배님의 영전에 이 책을 바치고 싶습니다. 그리고 글이 빛이 나도록 좋은 그림을 그려 주신 율마 작가님과 인물 이야기 하나하나를 옥구슬처럼 예쁘게 갈고 닦아서 멋진 책으로 만들어 준 숨쉬는책공장에 진심으로 감사드립니다.

2017년 7월 이주현

차례

[서울]

한류 패션 디자이너 노라노 * 현대(1928년 ~ 현존) 008
창의력 활동: 인물 인터뷰하기

행복한 여행가 김금원 * 조선 후기(1817년 ~ 정확히 알려지지 않음) 026
창의력 활동: 지도 색칠하기와 그리기

[경기도]

거리의 엔터테이너 바우덕이 * 조선 후기(1848년 ~ 1870년) 040
창의력 활동: 체험 학습 보고서 쓰기

해군 장수 연수영 * 삼국 시대(정확한 출생, 사망 년도 알려지지 않음) 058
창의력 활동: 만화 그리기

[강원도]

한국 현대 무용을 이끈 최승희 * 근현대(1911년 ~ 1967년) 074
창의력 활동: 기사문 쓰기

노래하는 의병 대장 윤희순 * 근대(1860년 ~ 1935년) 088
창의력 활동: 생각 지도 그리기

[충청도]

들풀로 아름다움을 짜는 문정옥 * 현대(1928년 ~ 2016년) 104
창의력 활동: 광고지 만들기

우리 역사를 품은 박병선 * 현대(1928년 ~ 2011년) 120
창의력 활동: 퀴즈 만들기

[경상도]

약지에 희망을 담은 독립운동가 남자현 * 근대(1872년 ~ 1933년)   136
창의력 활동: 소개하는 글 쓰기

진정한 원화 남모와 준정 * 삼국 시대(540년대)   152
창의력 활동: 연극 대본 쓰기

[전라도]

행복 전도사 조아라 * 근현대 (1912년 ~ 2003년)   170
창의력 활동: 편지 쓰기

똑 부러지는 소리꾼 진채선 * 조선 후기(1847년 ~ 알려지지 않음)   188
창의력 활동: 이야기시 짓고 시화 그리기

[제주도]

해녀 독립운동가 부춘화 * 근현대(1908년 ~ 1995년)   206
창의력 활동: 신문 만들기

제주의 어머니 김만덕 * 조선 후기(1739년 ~ 1812년)   222
창의력 활동: 숨은 그림 찾기 모형 만들기

창의력 활동 가이드

창의력 활동 장은 책을 읽고 난 후 해당 유적지를 체험하고 나서 생각의 꽃을 피우는 곳입니다. 책 속에 직접 활동을 해도 되지만, 스케치북이나 줄 없는 공책을 활용해 나만의 창의력 활동 책으로 만들어도 좋습니다. 간접 체험과 직접 체험을 통해 생각 꽃을 활짝 피워 창의력을 쑥쑥 키워 보세요. 체험 학습을 할 수 없어도 독서만을 통해서도 창의력 활동을 할 수 있습니다.

* 인물들의 지역 배치는 주요 활동 공간이나 유적이 남아 있는 곳을 중심으로 했습니다.

노라노

한류 패션 디자이너

세상에 하나뿐인 파티복

어느 날, 선배가 나에게 외환은행에서 열리는 파티에 함께 가자고 했다.

"옷은 무얼 입고 가지?"

파티에 초대를 받았지만 나는 입고 갈 옷이 없어 고민이 되었다.

"아 맞아, 이렇게 하면 되겠어."

나는 어머니의 헌 원피스로 파티복을 직접 만들어 입기로 했다. 파티복을 만드는 일은 생각보다 쉬웠다. 먼저 내가 원하는 디자인을 떠올리고 그림으

로 그려 보았다. 그림을 머릿속에 떠올리며 천천히 옷을 만들어 갔다. 완성된 파티복은 백설공주 옷처럼 우아하고 세련되어 보였다. 내가 디자인해서 만든 첫 번째 옷이었다. 이 세상에서 하나뿐인 파티복을 입고 파티에 갈 것을 생각하니 설레었다.

"파티복이 독특하네요."

"디자인이 무척 세련되어 보여요. 디자이너가 누구죠?"

나는 미소로 대답했다. 파티복에 대한 반응은 생각보다 좋았다.

"오! 뷰티풀!"

외국인 한 명이 내가 있는 쪽으로 걸어오면서 말했다. 그는 파티를 주관한 스미스였다. 스미스는 외환은행을 창립하기 위해 한국에 머물고 있었다.

"아주 멋지십니다. 제 사무실에 한번 들러 주세요."

스미스가 명함을 내밀며 말했다. 파티가 끝나고 나는 스미스의 사무실에 방문했다. 일자리가 필요했기 때문이다. 스미스는 그런 내 마음을 알고 있기라도 하듯 이렇게 말을 건넸다.

"제 비서로 일해 줄 수 있어요?"

나는 좋은 기회라 생각했지만 부족한 점이 많아서 망설였다.

"저, 저는 영어도 서툴고 영어 타이핑 실력이 완벽하지도 않아요."

"괜찮아요. 영어는 아침마다 제가 30분씩 개인 교습을 해 주겠어요. 그리고 영어 타이핑도 날마다 연습하면 실력이 금방 늘 거예요. 우리가 사람을 구하는 게 급하니 내일부터 당장 출근해 줄 수 있어요?"

"네, 감사합니다."

이튿날 나는 아침 일찍 일어나 점심 도시락을 준비했다. 밀가루 반죽을 얇게 부쳐 야채와 지단채, 잘게 자른 고기를 넣어 밀전병을 만들었다. 사무실에 음식 냄새를 풍길 수는 없었기 때문에 도시락 싸는 게 신경 쓰였다. 첫날이라서 더 일찍 출근했다. 스미스는 내가 준비해 온 밀전병 도시락을 보고 미소를 지었다.

"내일부터 미스 노 점심 식사는 제가 준비해 올게요. 제 일을 돕는 사람이니 식사 걱정은 하지 말고 그냥 출근하세요."

이후 스미스는 점심 식사로 햄버거와 프렌치프라이를 준비해 왔다. 스미스는 주말마다 관사에서 파티를 여는 일이 많았다. 내가 일이 익숙해지자 스미스는 파티 준비를 내게 맡겼다. 파티에 오는 사람들은 미국에서 오는 귀한 손님들이었다. 나는 테이블 세팅에서부터 시작해 칵테일 준비, 좌석 배치, 테이블 위에 놓을 이름표 작성 등을 하나하나 꼼꼼하게 준비했다. 주방에서는 한국인과 미국인 사이에서 통역을 해 주기도 했다. 파티의 전체 매니저 역할을 하고 나니 파티에 오는 사람들도 많이 알게 되었다. 나는 자연스럽게 파티의 주인 격이었던 미 군정청 재무 장관 골든의 신임을 얻게 되었다. 골든은 어느 날 내게 수고했다며 파티에 초대했다.

"미스 노, 오늘 파티에 손님으로 참석해 주세요. 얼른 옷을 갈아입고 오세요."

나는 마땅한 옷이 없어서 걱정이 되었지만 파티에 참석하는 사람들의 다양한 옷을 구경해 볼 수 있는 좋은 기회라 생각하고 집으로 가면서 어떤 옷을 입을지 생각했다. 옷을 준비할 시간은 넉넉했다. 가는 길에 일본인들이 버리고 간 기모노를 싼값에 샀다.

"이 옷감으로 칵테일드레스와 이브닝드레스를 만들면 참 잘 어울릴 거야."

집에 도착하자 나는 머릿속에 그린 옷을 종이에 스케치하고, 옷본을 만들어 바느질을 해 옷을 직접 만들기 시작했다. 옷을 완성하고 나니 내가 나름대로 그린 스케치와 비슷하게 만들어졌다. 길지 않은 시간 동안이었지만 옷을 만들면서 참으로 행복했다. 옷을 다 만들고 나니 파티 시간과 딱 맞아떨어졌다. 그런데 막상 내가 스스로 디자인해서 만든 옷을 입고 파티장으로 향하려니 마음이 무거웠다. 참석하는 사람들은 모두 세련되고 화려한 파티복을 입을 것이 분명한데 내가 만든 옷은 그 사람들의 옷보다 초라해 보일 것이 분명했기 때문이다. 파티가 한창 진행 중일 때 미국에서 오래 살았다는 재무국장의 부인이 나를 불렀다.

"미스 노, 당신이 입은 이 옷은 어디서 샀어요? 디자인이 아주 독특해서 맘에 들어요."

"제가 만들었어요."

부인은 나를 데리고 스미스에게 다가갔다.

"스미스, 이 옷을 미스 노가 직접 만든 거래요."

"오! 뷰티풀!"

스미스는 엄지손가락을 펴 보이며 크게 칭찬했다. 우리의 대화 소리를 듣고 주변에서 칵테일을 마시고 있던 사람들이 나를 바라보았다.

"여러분, 이 미스 노가 패션 디자인에 소질이 있다고 생각하지 않으세요?"

재무 국장 부인은 나를 바라보고 있는 사람들에게 소리쳤다. 부인의 이 한 마디에 내 옷이 초라하다는 생각이 눈 녹듯이 사르르 사라졌다.

'정말 나도 디자이너가 될 수 있을까? 뭐, 내가 좋아하면 하는 거지. 옷 만드는 일이 무엇보다 좋잖아.'

나는 멋진 옷을 만드는 패션 디자이너가 되기로 결심했다. 그 뒤로 파티가 열릴 때마다 입고 갈 옷을 새롭게 만들려고 노력했다. 기모노 옷감을 다 쓰고 난 뒤에는 어머니의 치마 천으로 드레스를 만들었다.

파티에 자주 참석하면서 국내외 고관들에게서 파티 매너와 다른 나라의 상류 사회에 어울리는 교양을 자연스럽게 배웠다. 파티에 참석할 때마다 파티복은 파티의 분위기에 맞게 항상 내가 만들어 입었다. 내 파티복들은 이 세상에서 하나뿐인 나만의 옷이었다.

내 이름은 노라노

"미스 노, 미국 의류 관련 기업에 견습생으로 가면 어때요?"

스미스가 사무실에 들어오자마자 말했다. 스미스는 내가 평소에 패션에 관심을 두고 있는 것을 알고 있어서 도움을 주고 싶어 했다.

"네? 미국 의류 관련 기업으로요?"

"네, 원한다면 알아봐 줄 수 있어요."

"잠깐만요."

나는 가슴이 두근거려 잠시 숨을 고르고 말했다. 가슴이 벅차올랐다.

"네, 알아봐 주세요. 가겠습니다."

나는 가족들과 이야기도 해 보지 않고 먼저 결정해 버렸다. 다시 오기 쉽지 않은 좋은 기회라 생각했기 때문이다.

"미스 노가 오케이라면 당장 알아봐 줄 테니 기다려 봐요."

"네, 감사합니다."

이틀 뒤, 스미스가 기쁜 표정으로 사무실에 들어오면서 말했다.

"미스 노, 기뻐하세요. 앤 테일러라는 의류 회사의 거래 업체인 스포츠 웨어 회사 '타박 오브 캘리포니아'가 한국 학생을 받겠대요."

"와! 고맙습니다. 감사합니다!"

"빨리 수속을 밟아야 해요."

"무얼 준비해야 할까요?"

"먼저 여권을 만들고 비자를 받아야 해요."

"네, 알았습니다."

나는 최대한 빨리 떠나고 싶어서 서둘렀다. 스미스가 여러 장관들로부터 추천서를 받아 주는 작업을 하고 있을 때 나는 여권을 만들고 비자를 신청했다. 여권은 금방 나왔는데 비자를 받는 일이 까다로웠다.

"비자 받기가 힘들 것 같아요. 어쩌죠?"

"걱정 말아요. 제가 아는 친구에게 부탁해 놓았어요."

스미스는 정말 고마운 사람이었다. 스미스 덕에 3주 만에 미국 비자를 받을 수 있었다. 나는 그동안 모아 놓은 돈으로 비행기 표를 예매했다.

"여자가 집을 떠나는 게 얼마나 위험한데, 가지 마라. 그것도 아주 먼 미국으로 간다니 마음이 놓이질 않는구나."

떠나기 전날 가족들과 작별 인사를 나누는데 할머니가 눈물을 훔치며 말했다. 내가 가게 될 곳은 시간제 아르바이트로 일하며 학교를 다닐 수 있는 곳이었다. 나에게 금상첨화의 자리라 생각했다. 가족들이 한국에서 미국으로 송금해 줄 수가 없으니 미국 현지에서 내가 직접 돈을 벌어 가면서 학비와 생활비를 마련해야 했기 때문이다.

공항에 배웅 나온 어머니와 할머니는 통곡하다시피 울었다. 나도 머나먼 타국으로 떠나는 것이 두려웠지만 용기를 내어 비행기에 올랐다. 사람들이 한국 여성 중에서는 내가 두 번째로 비행기를 타는 것이라고 했다.

"나는 내 힘으로 독립해서 당당하게 살 거야. 이제부터 내 이름은 '노명자'가 아니라 '노라노'야. 미국으로 가서 내 미래의 삶을 맘껏 펼쳐 볼 테야.'

한국의 코코 샤넬이 되어 돌아올 거야

"미스 노, 서서 돌아서 봐요."

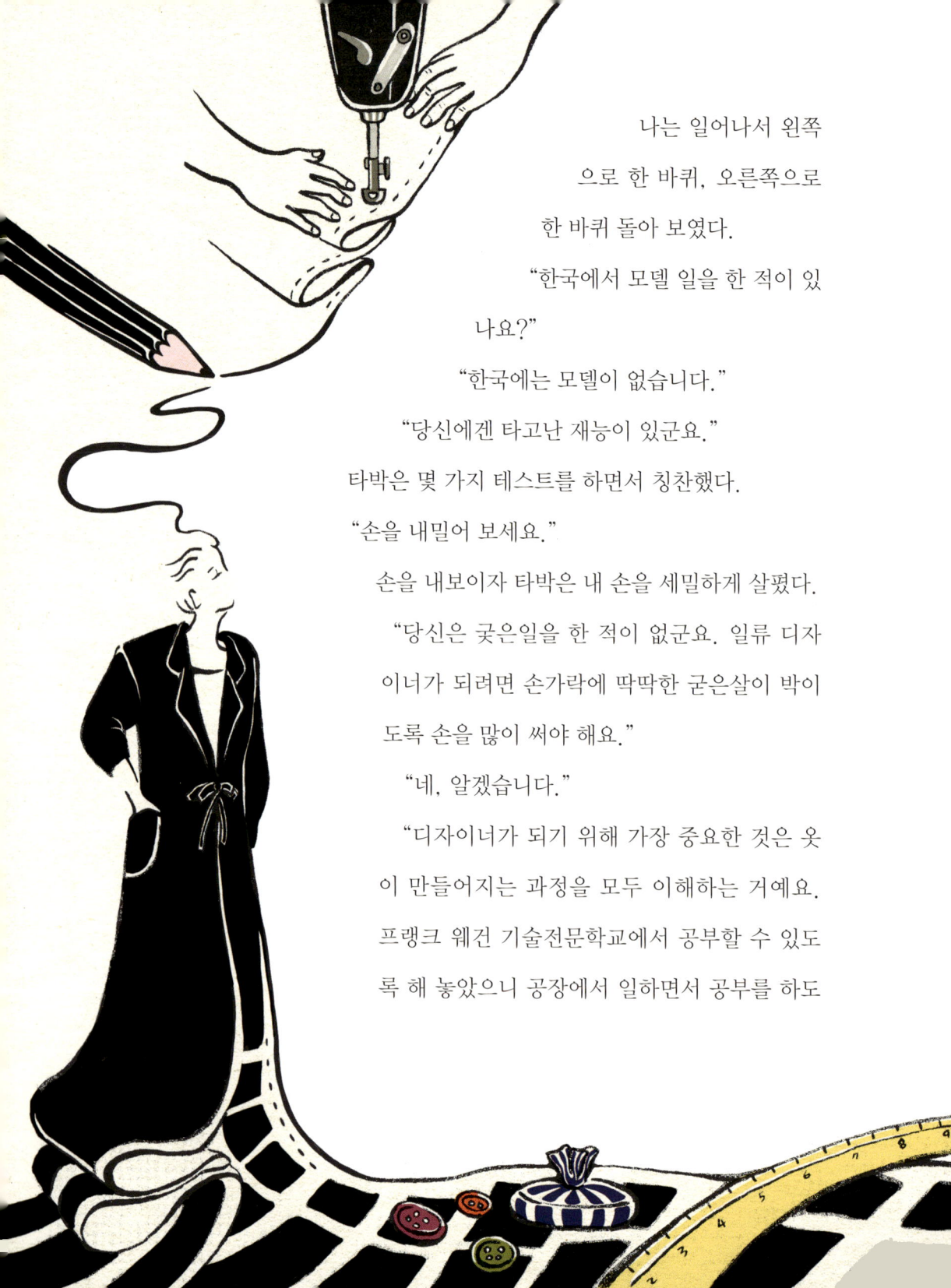

나는 일어나서 왼쪽으로 한 바퀴, 오른쪽으로 한 바퀴 돌아 보였다.

"한국에서 모델 일을 한 적이 있나요?"

"한국에는 모델이 없습니다."

"당신에겐 타고난 재능이 있군요."

타박은 몇 가지 테스트를 하면서 칭찬했다.

"손을 내밀어 보세요."

손을 내보이자 타박은 내 손을 세밀하게 살폈다.

"당신은 궂은일을 한 적이 없군요. 일류 디자이너가 되려면 손가락에 딱딱한 굳은살이 박이도록 손을 많이 써야 해요."

"네, 알겠습니다."

"디자이너가 되기 위해 가장 중요한 것은 옷이 만들어지는 과정을 모두 이해하는 거예요. 프랭크 웨건 기술전문학교에서 공부할 수 있도록 해 놓았으니 공장에서 일하면서 공부를 하도록 해요. 패션 디자이너는 손에 못이 박히도록 열심히 해야 한다는 걸 명심하세요."

 패션 공부가 본격적으로 시작된 느낌이었다. 공장에서는 직접 옷 만드는 방법을 배웠고, 프랭크 웨건 기술전문학교에서는 패션과 관련한 이론 공부와 실기를 체계적으로 해 나갔다. 패션의 역사와 이론 공부는 물론 옷을 만드는 데 실제로 필요한 재단을 배웠다. 미국식 평면 재단과 유럽식 입체 재단을 정식으로 배웠다. 재단 공부를 하면서 유럽식 입체 재단에 매력을 느껴 프랑스에 가서 공부를 더 하고 싶은 의욕이 생겼다.

 "꼭 프랑스에 가서도 배워 와야겠어."

 나는 코코 샤넬의 나라 프랑스가 몹시 궁금했다. 코코 샤넬을 생각하니 프랑스 영화에서 보았던 여인들의 화려한 옷들이 떠올랐다.

 '여자를 멋있고 당당하게 만들어 줄 수 있는 그런 옷을 만들고 싶어.'

 나는 생각만 해도 행복했다.

 "오늘은 바이어 쇼 관람이 있어요. 이 패션쇼는 해마다 봄과 가을, 딱 두 번 하니 꼭 참석해야 해요. 지금 바로 앰배서더 호텔로 이동하세요."

 조교가 와서 전달하고 나갔다. 바이어 쇼는 미국에서 1년에 두 번 열리는데 봄에는 뉴욕에서, 가을에는 로스앤젤레스에서 열리는 유명한 패션쇼라고 했다. 처음으로 패션쇼를 관람하게 되다니 나는 가

숨이 뛰었다.

패션쇼 광경은 내 눈을 휘둥그레지게 만들었다.

"꼭 패션 디자이너가 되어 한국에 돌아가 한국에서 최초로 패션쇼를 열겠어. 어! 저건 진짜 나뭇가지 같은데? 진짜 나뭇가지로 모자에 장식을 하다니, 어떻게 저런 생각을 했을까? 창의력이 대단해!"

나는 챙이 넓은 검정 모자를 쓰고 온 사람의 패션이 독특해서 몇 번이나 눈길이 갔다. 패션쇼장에서는 패션쇼에 오른 옷뿐만이 아니라 관람객들의 옷차림도 구경할 만했다.

패션쇼 관람을 마치고 돌아오고 나서는 계속 옷본 만들기에 열중했다. 옷본을 너무 많이 그려 손에 물집도 잡히고 굳은살이 박이기 시작했다. 손은 점점 미워지고 있었지만 솜씨는 늘어 갔다. 열심히 옷본을 만들고 가봉을 하며 옷 만드는 일을 반복하다 보니 어느덧 자신감이 생겨 갔다.

패션 공부를 해 온 지가 벌써 2년이 다 되어 가고 있었다. 패션 공부를 마치고 한국으로 돌아갈 생각을 하니 걱정이 되었다. 한국은 미국처럼 패션 업계가 발달되어 있지 않았기 때문이다.

미국은 옷을 만드는 과정이 각각 나누어져 있어 디자인실에서 디자인과 소재를 결정하고 기본 옷본을 봉제실로 넘기면 각각 맡은 부서에서 작업을 했다. 내가 한국으로 돌아가서 의상실을 개업한다면 이 모든 작업을 내가 혼자 해야 할 형편이었다. 그래서 나는 각 부서를 돌아가며 옷 만드는 과정을 꼼꼼히 익혔다. 날마다 하루의 금쪽같은 시간이 눈 깜짝할 사이에 지나갔다.

패션 공부에 전념하면서 바쁜 하루하루를 보내고 있을 때 집에서 부도 소식이 날아왔다. 나는 공부를 더 하고 돌아가고 싶었지만 조금 앞당겨 한국으로 돌아가야 했다.

"이대로 꿈을 접지는 않을 거야. 한국으로 돌아가서도 공부를 열심히 하면서 꼭 한국의 코코 샤넬이 될 거야."

나는 아쉬움을 뒤로한 채 한국행 비행기에 올랐다. 언제나 긴장을 늦추지 않고 나의 꿈을 이루기 위해 전진해 가기로 굳게 마음먹었다.

한국에 패션을 알리다

미국에서 돌아온 지 얼마 안 되어 6·25 전쟁이 일어나서 나는 부산으로 피난을 갔다. 피난 중에도 패션에 대한 열망은 그대로 간직했다. 전쟁이 휴전에 들어가고 나서 나는 다시 서울로 올라와 의상실을 개업했다.

'전쟁 때문에 몸과 마음이 지치고 쇠약해진 사람들에게 패션으로나마 활력을 불어넣어 주었으면 좋겠어.'

나는 패션은 당당함과 자신감이라고 생각했다.

"준비는 다 되었는데 여성 의류 봉제사를 어디서 구하지? 아! 신사복 만드는 봉제사들은 많으니까 그들에게 가르치면 할 수 있을 거야."

그때는 여성 옷을 만드는 기술자가 없었기 때문에 할 수 없이 신사복 만드는 봉제사들과 함께 일하기로 했다. 그들에게 여성 옷 만드는 요령을 가르쳐서 봉제사 문제는 해결이 되었다. 개업을 하고 나자 사람들이 옷감을 들고 찾아오기 시작했다. 그들은 대부분 고급 승용차를 타고 온 사람들이었다. 먼저 그들이 들고 온 옷감을 살펴보고 옷감에 대한 상담을 했다. 옷감에 따라 디자인도 다르기 때문이었다. 그런 다음 정성껏 그들의 몸 치수를 쟀다. 손님들이 가고 난 다음에는 밤늦도록 옷본을 만들고, 가봉 날짜에 맞추기 위해 부지런히 재단을 했다. 날이 갈수록 손님이 많아지고 내 디자인을 인정해 주는 손님이 늘어 흐뭇했다. 특히 내가 손수 만든 옷이 사람들의 몸에 딱 맞았을 때는 날개를 달고 하늘을 나는 기분이었다.

'우리나라 사람들에게 아직 생소한 패션에 대해 더 널리 알리려면 패션쇼를 열어야 해.'

나는 패션쇼를 열기로 마음먹고 준비하기 시작했다. 한국에는 패션쇼를 위한 것들이 아무것도 마련되어 있지 않았지만 미국에서 보았던 패션쇼를 떠올리며 하나하나 준비한다면 못할 것도 없다고 생각했다. 한국에서 최초로 열리는 패션쇼라서 잘될지 조금 걱정되었지만 자신은 있었다. 일단 패션쇼를 하려면 내가 만든 옷이 여러 벌 있어야 했다. 옷감과 여러 디자인 유형 등을 먼저 준비해야 했다. 옷감은 모두 우리나라 옷감을 사용하기로 했다.

"내가 비록 미국에서 공부를 했지만 한국 정서에 맞는 패션쇼를 여는 거야. 우리 옷이니 우리 옷감으로 만드는 건 당연하지."

나는 우리나라에서 처음으로 생산된 모직을 사용하기로 했다. 우리나라 기술로 우리나라에서 만든 옷감으로 옷을 만든다면 큰 의미가 있을 듯했다.

"패션쇼를 하려면 옷을 입고 무대에 설 모델도 필요해. 모델은 누구로 하지? 우리나라에는 아직 모델이 따로 없으니 아나운서나 배우들에게 부탁을 해 봐야겠어."

나는 방송국으로 찾아가 최은희, 김은희, 엄앵란, 조미령 등 사람들의 관심을 끌 만한 사람들에게 모델을 해 달라고 부탁했다. 그들은 흔쾌히 허락했다. 미스코리아 출전 준비를 하고 있던 박현옥은 내가 오랫동안 알고 지낸 사람이라서 반갑게 부탁을 받아 주었다.

드디어 1956년 10월 29일 오후 2시 반도호텔에서 전문 패션 디자이너가 주최한 한국 최초의 패션쇼가 열렸다. 미스코리아 준비 중인 박현옥, 배우인 최은희, 김은희, 엄앵란, 조미령이 모델로 등장하니 관중석의 사람들이 숨을 죽였다.

패션쇼의 첫 무대는 박현옥이 열었다. 체크무늬 양장에 검은 장갑을 끼고 처음 무대에 오른 박현옥은 눈이 부시도록 빛났다. 관중석에서는 박수갈채가 나왔다. 박현옥이 입은 옷은 우리나라 기업에서 생산한 모직 원단으로 만든 투피스와 실크 블라우스였다. 김은희는 국산 양단으로 만든 이브닝드레스를 입었고, 엄앵란은 오드리 헵번 의상 차림이었다. 패션쇼 장소의 화려한 조명

은 마치 불꽃놀이 불빛처럼 화려했다. 다른 모델들의 아름답고 멋진 행진이 끝나고 조미령이 우아한 웨딩드레스를 입고 나와 피날레를 장식했다. 객석에서는 환호와 갈채가 터져 나왔다. 패션쇼에서 선보인 의상은 모두 50벌이었다. 모델들이 계속 갈아입고 몇 번씩 무대에 올랐다. 내 눈에는 그들이 천사처럼 보였다. 박현옥은 그 이듬해 1957년 미스코리아 진이 되었다.

그 뒤로 나는 1년에 한 번씩 정기적으로 패션쇼를 열었고, 1959년 최은희가 주연한 영화 《춘희》의 의상을 디자인하게 되었다. 이를 계기로 나는 연예계의 의상이나 무대에 오르는 의상을 맡아 하게 되었다.

1979년에는 뉴욕 맨해튼 7번가의 패션 거리에 '노라노'라는 간판이 걸려 하늘을 날 듯이 기뻤다. 노라노 간판을 보고 뉴욕의 부티크 바이어들로부터 주문이 쏟아졌다.

내가 패션 일을 하면서 열심히 살아오다 보니 판탈롱, 미니스커트를 유행하도록 만들었고, 영부인 의상 디자인도 맡게 되었다. 이는 나의 열정적인 삶의 대가라고 생각한다.

나는 검정색 옷을 주로 입는다. 검정색을 좋아해서가 아니라 시간을 절약하기 위해서다. 검정색 옷은 유행을 타지 않고 무난하면서도 세련되었다. 그리고 날마다 운동을 한다. 옷 만드는 일은 고된 일이어서 건강해야 하기 때문이다. 옷본을 그리고 재단 가위로 옷감을 자르는 일은 손을 많이 쓰고 몸을 많이 움직여야 한다. 나는 앞으로도 변함없이 지금 이대로의 모습으로 내 자신을 관리하면서 힘이 다할 때까지 일을 하고 싶다.

"나이는 들었어도 나의 패션에 대한 열정은 늙지 않았다."

나이 80세가 넘은 나는 이미 70년 평생 옷을 만들어 왔지만 앞으로도 힘이 없어 바늘을 들지 못할 때까지 계속해서 옷을 만들 것이다.

노라노의 흔적을 찾아서

유적지

● **국립민속박물관 추억의 거리에 있는 명동의상실**

국립민속박물관 추억의 거리에는 양장점 '노라노의 집'을 재현해 놓은 명동의상실이 있다.
지금은 이름이 바뀌었지만 의상실은 노라노가 국내에 처음 개업한 '노라노의 집'을 모델로 하고 있고 그때의 의상과 마네킹을 전시해 놓았다.

서울시 종로구 삼청로 37

● **더 가 볼 만한 곳**

최초의 패션쇼 장소인 반도호텔. 반도호텔은 1938년에 지어졌으며 1975년 2월에 철거되었고, 1979년 10월에 반도호텔이 있던 자리에 롯데호텔이 지어졌다.

약력

1928년	서울에서 태어남.
1944년	경기여고 졸업함.
1949년	미국 프랭크 웨건 테크니컬 컬리지 졸업함.
1950년	서울 명동에 '노라노의 집' 개업함.
1956년	서울 반도호텔에서 국내 첫 패션쇼 개최함.
	파리 '아카데미 줄리앙 아트 스쿨'에서 수학함.
1966년	국내 첫 기성복 패션쇼 개최함.
1970~73년	파리 프레타포르테 패션쇼 참가함.
1974년	미국 뉴욕 플라자호텔에서 패션쇼 개최함.
1977년	(주)예림양행 설립함.
1978년	'노라노' 뉴욕 법인 설립함.
1990년	'노라노' 홍콩ㆍ일본 법인 설립함.
2000년	세계 패션 그룹 '패션 대상' 수상함.
2017년 현재	(주)예림양행 회장으로 일하는 중.

창의력 활동

국립민속박물관 추억의 거리에 있는 '노라노의 집'을 재현해 놓은 '명동의상실'을 방문하고 나서 노라노 디자이너의 인터뷰 기사를 써 보세요. 우선 노라노가 패션 디자이너가 된 계기나 한국에서 최초의 패션쇼를 열었던 일, 한국 최초의 여성 디자이너가 되어 한국으로 돌아온 날의 장면 등 중에 하나를 선택해 보세요. 그러고 나서 인터뷰 날짜, 인터뷰할 사람의 간단한 소개, 인터뷰를 하게 된 동기나 이유 등이 들어가도록 간단하게 설명하는 글을 쓴 뒤, 기자의 질문과 인터뷰하는 사람의 대답 형식으로 글을 써 보세요.

<기사의 예>
- 인터뷰 날짜와 시간:
- 인터뷰 장소:
- 인터뷰 내용:

  나(기자): 패션 디자인에 대한 꿈은 언제부터 가지고 있었나요?

  노라노: 제가 처음으로 파티복을 만들어 입었을 때부터였어요.

  나(기자): 공부를 마치고 몇 년 만에 고국의 땅을 다시 밟았을 때의 기분은 어땠나요?

  노라노:

김금원

행복한 여행가

[서울]

남자 옷이 더 편해

'집 안에만 있으니 너무 답답해. 나가서 뛰어놀아야지!'
금원이 밖으로 뛰어나갔다.
"여자아이가 다소곳하지 않고 왜 이렇게 천방지축이냐? 얼른 방에 들어가지 못하겠니?"
어머니가 밖으로 뛰어나가는 금원의 팔을 붙잡고 말했다.
"싫습니다. 여자라고 밖에서 놀지 말라는 법은 없잖습니까? 어머니, 그러

지 마시고 저 남자 옷 하나 만들어 주세요.”

"여자아이가 남자 옷은 뭣 하게?"

"나가서 놀 때 입게요."

"애가 자꾸 이상한 소리만 하네!"

금원은 어머니 말을 무시하고 밖으로 뛰어나갔다.

"몸도 성치 않으면서 왜 저렇게 엉뚱한 데다 힘을 쓰는지 참."

어머니가 금원이 뛰어가는 뒷모습을 보고 말했다. 한참 뒤 금원이 밖에서 돌아와서 어머니에게 사정하듯이 말했다.

"어머니, 이 치마저고리는 너무 불편합니다. 남자 옷 하나만 만들어 주세요. 네?"

"내 딸이지만 참 독특해!"

"남자 옷을 입어야 밖에서 놀기가 편하다고요. 치마는 불편하옵니다."

"그래, 그것이 정 소원이라면 하나 만들어 줄 터이니 맘껏 뛰어놀아 보려무나."

어머니는 남자 옷을 한 벌 지어 주었다. 금원이 편한 옷을 입고 나가서 뛰어놀면 몸이 좀 더 튼튼해질 것 같았기 때문이다. 어머니는 태어날 때부터 몸이 약했던 금원을 늘 걱정했다.

금원 또래의 여자아이들 중에는 바느질을 배워서 옷을 손수 만들어 입는 아이들도 있었는데 금원은 아직 바느질을 못했다. 어머니는 몸이 약한 금원에게 힘든 바느질과 집안일을 가르치지 않았다. 글 읽는 것을 좋아한 금원은 남자아이들처럼 주로 글을 읽으면서 보냈다. 글을 많이 읽다 보니 어려운 경서와 사서도 쉽게 읽을 수 있었다. 글을 읽으면 읽을수록 바깥세상이 더욱 궁금했다. 금원은 간절하게 여행을 떠나고 싶었다.

'이젠 책에서 읽은 것들을 직접 경험해 볼 거야.'

금원은 어머니가 지어 준 남자 옷을 입고 밖으로 나가 신나게 뛰어놀며 생각했다.

'난 꼭 책에서 본 금강산엘 다녀오고 말 거야. 내가 비록 몸이 약하지만 난 포기하지 않아. 정신력으로 버틸 거야. 이제 떠나야겠어.'

금원은 방문을 열고 활짝 핀 꽃을 바라보며 생각했다.

'아! 아름다워라. 이 작은 들판도 이렇게 아름다운데 금강산은 얼마나 아름다울까?'

금원은 날마다 자고 일어나면 금강산으로 떠날 생각만 했다. 금강산 경치가 어떤지는 글로 읽어 잘 알고 있었다. 책을 읽으면 읽을수록 호기심이 샘솟았다. 새싹이 돋아나고 여러 가지 꽃이 피는 봄이 되고 나니 금원은 더 견딜 수가 없었다.

"어머니, 이제 날씨가 따뜻해졌으니 떠나겠어요."

"말도 안 되는 소릴 하는구나! 남자도 가기 힘든 금강산을 여자의 몸으로 어떻게 가겠다고 그러느냐! 게다가 몸도 건강하지 못하면서."

"어머니, 예전부터 꿈꾸어 왔던 일이니 허락해 주세요. 네? 어머니!"

"참 고집이 세구나. 그럼 꼭 몸조심해야 한다. 알았니?"

"네, 어머니. 남자 옷을 몇 벌만 더 지어 주세요."

어머니는 금원의 간절한 부탁에 허락을 하고 편안한 남자 옷을 몇 벌 더 지어 주었다. 금원은 만반의 준비를 해서 싸 놓은 괴나리봇짐을 메고 집을 나섰다.

자유롭게 떠나는 여행길

'이렇게 나오니 새장에 갇혀 있던 매가 하늘 높이 날아오르는 기세고, 천리마가 재갈에서 벗어나 천 리를 달리는 기분이구나!'

금원은 밖으로 나와 자유의 몸이 되니 마음이 한결 가벼웠다. 금원은 새벽에 고향인 원주를 나서서 먼저 제천으로 향했다. 발걸음을 재촉하여 제천 의림지로 갔다. 의림지 폭포수의 절경과 수양버들이 에워싼 푸른 호숫가는 금원의 마음을 사로잡았다. 호숫가에는 영호정과 경회루라는 정자가 있었고, 산책 길 경치는 아름답고 멋스러웠다. 금원의 입에서 시가 저절로 나왔다.

호숫가 버들은 푸르게 늘어져
우울한 봄날 시름을 아는 듯하여라.
나무 위 꾀꼬리는 쉬지 않고 울어 대니
이별의 슬픔 견디기 어렵게 하네.
(최선경, 《호동서락을 가다》, 옥당, 2012 중에서)

날이 저물자 금원은 주막으로 향했다. 의림지에서 한나절밖에 머물지 못해 아쉬웠다. 주막에서 하룻밤을 자고 새벽에 일어나 단양을 거쳐 양양 낙산사로 갔다.

'흐린 구름을 뚫고 둥근 바퀴가 솟아오르니 펄쩍펄쩍 뛰며 춤을 추고 싶구나!'

금원은 낙산사 일출을 보고 나니 기분이 무척 좋았다. 새로운 풍경을 구경하면서 걸으니 아무리 걸어도 지치지 않았다. 양양을 다 구경하고 나서 금강산을 향해 갔다. 밤에는 주막에서 자고 낮에는 아름다운 풍경들을 둘러보며 걸었다. 며칠을 걷다 보니 준비해 간 짚신 중 네 켤레가 헤어져 버려야 할 지경에 이르렀고, 성한 것은 몇 켤레밖에 남지 않았다. 발이 쓰라려서 살펴보니 까지고 물집이 생기고 물집이 터져 진물이 흐르고 있었다.

'이제 거의 다 왔는데, 이 발로 갈 수 있을까? 아니야, 갈 수 있어.'

금원은 발에 난 상처를 깨끗이 닦아 내고 옷의 귀퉁이를 잘라 발을 친친 감았다. 그러자 통증이 조금 덜했다. 일찍 잠자리에 들고 날이 밝아 오자 다시 새 짚신을 신고 주막을 나섰다. 발에 통증이 여전했지만 참고 부지런히 걸었다.

'가져온 짚신이 다 떨어지기 전에 부지런히 걸어야 해. 그래야 더 많은 곳을 둘러볼 수 있어.'

해가 중턱에 와 있을 때 금강산이 보였다.

'아, 이 향기로운 꽃 내음! 저 바위들은 한 폭의 병풍 같네. 내가 드디어 금

강산에 오다니 꿈만 같아!'

금강산은 본래 계절마다 부르는 이름이 다른데 '금강산'이라는 이름은 봄에 부르는 이름이다. 새싹이 돋아나고 만물이 다시 살아나며 800여 개의 식물이 꽃을 피워 향기를 은은하게 피워 내는 모습이 아름다운 보석인 금강석과 같다고 하여 지어졌다.

여름철에는 온 산이 녹색으로 뒤덮이고, 흰 구름과 안개가 감돌아서 마치 신선과 선녀가 사는 곳과 같은 모습을 띠어 봉래산이라 불렀다. 가을철엔 단풍이 아름다워서 풍악산이라 불렀고, 겨울철엔 매우 독특하고 묘하게 생긴 바위들에 흰 눈이 덮여 있는 모습을 보고 개골산 또는 설봉산이라 불렀다.

금원은 바위에 걸터앉아 바다를 바라보며 시 한 수를 지었다.

금강산에 올라 동해를 바라보며
모든 물 동쪽으로 다 흘러드니
깊고 넓어 아득히 끝이 없구나.
이제야 알았노라 하늘과 땅이 커도
내 가슴속에 담을 수 있음을.
(최선경, 《호동서락을 가다》, 옥당, 2012 중에서)

아름다운 금강산을 둘러보며 멀리 펼쳐진 바다를 바라보니 금원은 입에서 시가 절로 나왔다. 금원은 세상의 모든 것을 마음속에 담을 수 있을 것 같은

자신감이 생겼다. 금강산을 다 둘러보고 나서 설악산을 구경하고 한양으로 내려갔다.

'와! 한양은 시골과 비교가 안 되는구나. 난 그동안 우물 안의 개구리처럼 살았어.'

금원은 시골에서만 생활해서 자신의 안목이 좁은 것을 스스로 깨닫고 한양 나들이를 시작했다. 금원이 한양에서 가장 먼저 간 곳은 남산이다. 금원은 남산에 올라가 도성을 바라보고 감탄을 금하지 못했다. 한강 포구에는 배와 수레가 수도 없이 드나들고 있었다. 남산에서 바라본 신기한 도성의 모습들을 보고 금원은 기록했다. 웅장하게 지은 궁궐과 분주하게 움직이는 거리의 사람들을 보니 다른 세상에 와 있는 기분이 들었다.

금원은 남산에서 내려와 창의문을 통해 도성 밖으로 나와 세검정 정자를 찾아갔다. 세검정 주변에 있는 경치가 아름답다고 소문이 난 북한산과 백악마루를 둘러보고 싶었기 때문이다. 금원은 북한산을 둘러보며 연산군이 향락을 즐겼던 탕춘대와 흥선대원군의 삼계동 별장을 밖에서 구경하고 복사꽃이 만발해 정경이 아주 아름다운 백사실 계곡으로 갔다. 백사실 계곡에서 하루를 보내고 이튿날 정릉과 왕십리 주변을 둘러보았다.

금원은 한양의 넓은 세상을 구경하니 한양에서 살고 싶은 마음이 굴뚝같아졌다.

새로운 세계에서 살고 싶어

'나는 서녀로 태어났으니 이 사회가 바뀌지 않는 이상 내가 아무리 재능이 있어도 사회에서 인정받기는 어려워. 하지만 나는 여기에서 무너지지 않아. 이제 누가 뭐라고 해도 내가 하고 싶은 일을 하면서 살 거야.'

금원은 여행을 통해 진정한 자신을 발견하고 자신감도 갖게 되었다. 천하의 경관을 둘러보고 받은 감동은 가슴속에 남아 금원을 행복하게 해 주었다. 금원은 금강산과 세상 곳곳을 유람하고 넓힌 견문을 디딤돌 삼아 시를 지으며 자부심을 갖고 살아가기로 결심했다.

금원은 집으로 돌아가지 않고 기녀가 되기로 마음먹었다. 기녀들은 당시 다른 여성들과는 달리 좀 더 자유롭게 시를 쓰고, 읽으며 살 수 있었기 때문이다.

'평범하게 결혼해서 안방에 갇혀 답답하게 사는 것보다는 여러 사람들과 어울리면서 시를 쓰고 읊으면서 사는 게 더 행복할 거야.'

금원은 자유롭게 시를 쓰면서 수많은 사람들과 문학 활동을 하고 싶었다. 양반들이 오면 시를 지어 양반들과 서로 주고받으며 흥을 돋우었다.

금원은 시를 주고받았던 사람 중에 김덕희와 마음이 통했다. 김덕희는 결혼을 한 사람이기 때문에 금원과 결혼은 할 수가 없었다. 김덕희는 어느 날 금원에게 소실로 들어오기를 청하였다. 소실은 두 번째 부인을 말하는데 조선 시대 때에는 두 번째 부인을 얻어 사는 양반들이 많았다. 금원은 김덕희의 청을 받아들여 소실로 들어갔다. 금원은 그 뒤로 용산 강가에 있는 별장 삼호정에서 여류 문인들과 자주 어울리며 시 쓰기를 즐겼다. 삼호정에 모인 사람들은 금원을 가족처럼 편하게 대했다. 금원은 가족 같은 사람들과 자주 모여 시를 나눌 수 있어 행복했다.

삼호정시사와 《호동서락기》

김덕희가 벼슬에서 물러나자 금원은 삼호정에서 아예 살기 시작했다. 그곳에서 금원은 같은 처지의 벗들과 어울리면서 본격적으로 시인 모임을 만들었다. 모임에는 주로 운초, 경산, 죽서, 경춘 등이 모였다.

운초는 성천 사람으로 연천 김상서의 소실이었다. 재주가 매우 뛰어나 시로 크게 이름을 알렸다. 운초는 자주 삼호정을 찾았는데 어떤 때는 이틀 밤씩 묵기도 했다.

경산은 황해도 벽성

사람이며, 화사 이상서의 소실이었다. 공부를 많이 해서 아는 것이 많고 시를 읊는 데 으뜸이었다. 경산은 금원의 이웃에 살고 있어 정식 모임이 없는 날에도 삼호정에 자주 찾아와 금원과 함께 보냈다.

죽서는 금원과 같은 고향 사람으로 송호 서태수의 소실이었다. 재기가 뛰어나고 지혜로워 하나를 들으면 열을 알았다. 죽서는 중국 당을 대표하는 문장가인 한유와 중국의 유명한 시인인 소동파를 존경했다. 그들의 영향을 받아서인지 죽서가 지은 시 또한 기이하고 우아했다.

경춘은 금원의 동생으로 주천 홍태수의 소실이었다. 총명하고 지혜롭고 단정할 뿐만 아니라 지식이 풍부했다. 또한 시를 짓는 능력이 여러 사람들에게 뒤지지 않았다.

이들이 삼호정에 모여 글공부를 할 때면 공부하는 상 위에 글 두루마리가 가득했다. 이들은 날마다 주옥같은 시를 쓰고 그 시를 서로에게 읊어 줬다. 그 소리는 마치 금 쟁반에 옥구슬이 구르는 듯했다.

이들은 모두 두 번째 부인이라는 신분적인 영향으로 비록 힘을 펴지는 못했지만 시 쓰는 재주만큼은 누구에게도 뒤지지 않을 만큼 뛰어났다. 이들은 평범하게 결혼해서 자신의 재능을 개발하지 못하고 사는 것을 원하지 않아 소실의 길을 택했다. 사대부 가문의 소실들은 정실부인들보다는 생활면에서 억압을 덜 받고 살았기 때문에 문학 모임 활동을 할 수 있었다.

이들은 자연스럽게 삼호정에 정기적으로 모이게 되었고, 그 모임은 삼호정을 중심으로 이루어졌다고 해서 '삼호정시사'라 불렸다.

삼호정시사는 여성 시인들만의 문학 모임이었기에 의미가 각별했다. 무엇보다 조선 시대에는 여자들만의 모임 활동이 자유롭지 못했기 때문이다. 삼호정시사 동인들은 서로 왕래를 하며 시도 짓고 시에 대해 토론을 벌이기도 했다. 조선 시대에 여성들이 주로 시를 주고받았던 곳은 안방이나 기방이었는데 금원이 삼호정에서 여자들만의 새로운 문화 공간을 만들어 냈던 것이다. 삼호정시사가 자리를 잡고 문학 모임으로서 인정을 받고 있을 무렵 죽서가 세상을 떠났다. 그 무렵 금원도 남편 김덕희를 따라 이사를 가게 되어 삼호정시사는 자연스럽게 흩어지고 말았다.

금원은 자신의 삶이 그냥 의미 없이 사라지는 것이 싫어서 자신이 여행한 곳에 대해 쓴 글과 그동안 써 놓은 시들을 정리했다. 금원은 화선지를 펴서 충북 일대의 제천, 단양과 강원도 일대의 설악산과 양양, 금강산 등의 아름다운 경치를 묘사하고, 서울과 의주 같은 큰 도시의 생활 모습을 설명하기도 했다. 여행하면서 틈틈이 쓴 시도 따로 기록했다. 마지막에는 삼호정에서 벗들과 어울리며 모임을 가졌던 일들을 기록했다. 모든 기록이 끝난 뒤 책 이름을 '호동서락기'라 지었다.

"휴, 이 모든 일들이 한순간의 꿈과 같네그려."

금원은 책을 마무리하면서 뿌듯함을 느꼈다. 글을 모두 정리하고 나서 남편과 함께 전국 여행을 떠났다.

김금원의 흔적을 찾아서

유적지

● 용산 성당(삼호정의 터)

현재 삼호정의 흔적은 찾기 어려운데 삼호정의 터는 용산 성당 부지 안에 있다는 기록이 있다. '용산 성직자 묘지의 내력'을 설명해 놓은 표지판을 보면 용산 성직자 묘지 터가 삼호정의 터라는 것을 알 수 있다. 서울특별시 용산구 효창원로 15길 37

● 더 가 볼 만한 곳

남산, 용산강, 마포강. 남산은 김금원이 한양에 와서 가장 처음 둘러본 곳이다. 용산강은 용산구 원효로 4가 지역의 한강과 만초천이 만나는 한강 일대를 말한다. 마포강은 용산강이 합류하는 한강 북안에 위치한 한강 일대다. 용산강과 마포강은 김금원이 머물렀던 삼호정에서 내려다보이는 강으로 김금원이 시를 짓는 데 많은 도움이 되었던 장소이기도 하다.

약력

1817년	강원도 원주에서 서녀로 태어남.
어린 시절	남자 옷을 즐겨 입고 자랐으며 책을 많이 읽어 총명함을 인정받음.
청년 시절	남장을 하고 홀로 제천과 양양, 영춘, 청풍, 금강산, 한양 등을 여행함.
1847년 이후	별장 삼호정에서 '삼호정시사'를 결성하여 적극적으로 문학 활동을 함.

✱ 생을 마감한 연대는 알 수 없으나 이후의 삶은 남편과 함께 전국 여행을 다닌 것으로 전해진다.

창의력 활동

1 김금원이 여행한 지역을 아래 지도에서 찾아 색칠해 보아요.

2 용산 성당과 그 주변에서 삼호정에 대한 흔적들을 찾아보고 환경을 묘사하며 그림 지도를 그려 보아요. 단, 체험 학습을 못했을 경우 책 내용과 아래 삼호정에 대한 설명글을 읽고 참고해서 활동을 해 보세요.

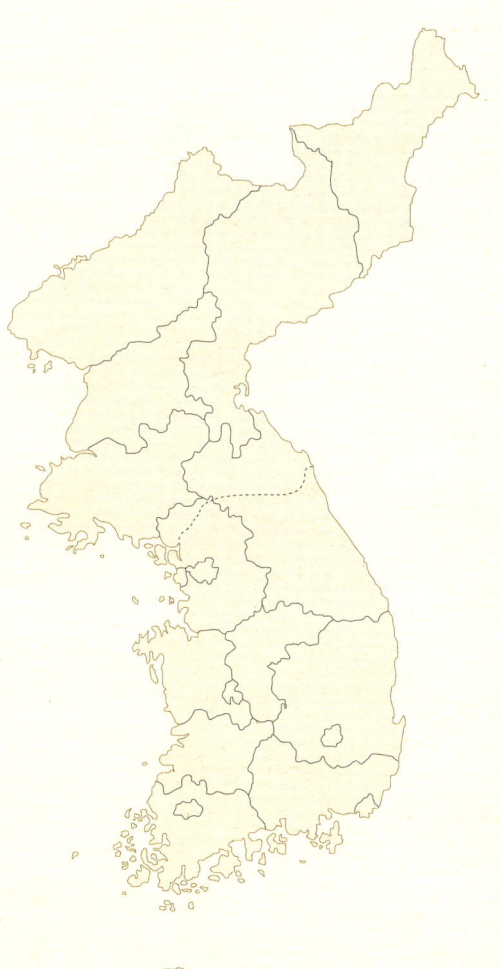

삼호정의 흔적

김금원이 삼호정에서 쓴 시들을 보면 용산강의 옛 정취가 어떠했는지 알 수 있다. 용산 기슭에는 심원정과 삼원정 외에 파청루와 추흥정도 있었는데, 특히 심원정은 임진왜란 때 화전 조약을 맺은 곳으로 유명하다. 지금 심원정 앞에는 천연기념물인 백송(白松)이 몇 그루 남아 있다. 옛날, 용산의 경치를 즐기며 문인들이 시회를 열었던 삼호정은 지금의 용산 성당의 묘지 아래쪽에 있었을 것으로 추측된다. 지금 이 근처에 '삼호정길', '함벽정길' 등이 지나고 있다.

[《용산문화》(2005년판, 용산문화원 발행) 기고문 참고]

거리의 엔터테이너 바우덕이

[경기도]

줄타기하는 아이

바우덕이가 남사당패에 들어간 것은 다섯 살 무렵이었다.

"아이고, 저 어린애 좀 봐."

"여간내기가 아녀."

"그러게. 얼굴이 여자아이 같지?"

"곱상한 게 여자아이네그려."

바우덕이가 한차례 놀고 나면 사람들은 웅성거리며 엽전을 던져 주었다.

시간이 갈수록 바우덕이의 기예 솜씨는 더욱더 늘어 가고 인기도 더해 갔다. 남사당패는 이 고을 저 고을 돌아다니며 한바탕 놀이를 해 주며 돈을 모았다.

농사일로 바쁜 가을에 남사당패가 마을에 나타나면 마을 사람들은 풍물 소리에 어깨춤을 추며 구경하며 피로를 달랬다. 마을 처녀들도 멀리 숨어서 놀이판을 구경했다.

신나게 풍물놀이를 하고 나면 버나 놀이가 시작되었다. 버나 놀이는 사발이나 대접 따위를 막대기로 돌리는 묘기다.

"에구머니나! 사발이 떨어지면 어쩐대!"

사람들은 사발이 떨어질까 걱정을 하며 사발에서 눈을 떼지 못했다. 다음으로 살판이 이어졌다. 살판은 땅재주라고도 하는데 광대가 두 손으로 땅을 짚고 공중제비를 넘는 것을 말한다. 어릿광대와 땅재주꾼이 나와 서로 이야기를 주거니 받거니 했다. 그리고 나서 휘파람 소리를 내며 손을 땅에 짚더니 한 바퀴 공중으로 몸을 띄워 회전했다.

"어머나!"

"세상에! 사람으로서는 할 수 없는 일이야."

숨어서 구경하고 있던 처녀들이 속삭였다.

"잘하면 살판이고 못하면 죽을 판이렷다!"

마지막으로 살판쇠가 손에 칼을 쥐고 껑충껑충 위로 뛰어 몸을 틀고 공중회전을 하려는 듯 몸을 공중으로 올렸다.

"아이쿠, 저 사람 저러다가 칼에 찔리기라도 하면 어쩐대?"

"에구머니나, 가슴 떨려 못 보겠네."

살판쇠는 칼과 화로를 번갈아 들고 껑충껑충 뛰어 몸을 틀고, 공중회전을 하기도 했다. 실패했다가는 불을 뒤집어쓸 테고, 칼에 찔릴 것이었다. 살판쇠는 아슬아슬하고 위험했지만 묘기를 멋지게 성공해 보였다.

"와!"

구경꾼들이 안심하는 소리와 박수 소리가 컸다. 풍물놀이, 버나 놀이, 살판 등 사람들의 손에 땀을 쥐게 하는 순서가 끝난 뒤 바우덕이가 고사를 지내려고 마당 한가운데로 나왔다.

"어머, 저기 여자 아니야?"

"어! 남사당패에 웬 여자야?"

바우덕이는 장삼에 고깔을 쓰고 높은 줄 위로 훌쩍 올랐다. 절에 있는 스님의 모습과 비슷한 차림이었다. 바우덕이의 날렵한 몸이 햇불에 비쳤다. 사람들은 그런 바우덕이를 더 자세히 보려고 다퉜다.

"어디 가까이 가서 좀 볼까?"

한 사람이 일어서자 다른 사람들이 우르르 일어나서 놀이판 가까이로 다가섰다.

"어이! 거기 좀 앉으시오. 혼자만 보는 게 아니잖어!"

안 보인다고 소리 지르는 사람들이 많아 놀이판이 잠시 소란해졌다.

사람들이 웅성거리는 사이 바우덕이는 입고 있는 스님의 웃옷과 비슷한 소매 넓은 장삼을 벗어던지고 무관들이 입던 옷차림으로 온갖 재주를 보여 주었다. 앞으로 걷다가 뒤로 걷다가 줄을 타고 앉아 화장하는 흉내를 내는가 하면, 앉았다 일어났다 하면서 앞으로 가다가 두 발로 뛰어 올라 돌아앉기도 했다. 바우덕이가 줄 위에서 노는 모습은 인간의 모습이 아니라 선녀의 모습 같았다.

뒷동산 살구꽃은
가지가지가 봄빛이요.
곳곳에 푸른 산은
보리밭머리가 풍년이요.
(〈풍년가〉, 문화콘텐츠닷컴 중에서)

바우덕이는 노래를 불러 사람들의 흥을 돋우어 주기도 했다. 점점 더 바우덕이는 사람들에게 인기를 얻었고, 바우덕이 덕에 사당패는 돈을 많이 벌게 되었다.

남사당패 꼭두쇠가 되다

바우덕이가 열다섯 살 되던 1862년 봄이었다. 사당패는 겨우내 쉬고 나서 놀이판을 떠날 준비를 했다.

"떠나기 전에 꼭두쇠를 선출해야 할 터인데."

사당패 중 가장 나이 든 사람이 나서서 말했다.

"그러고 보니 이제 우리 패도 새 꼭두쇠를 선출할 때가 되었구먼. 다들 이리 모여 보시오. 꼭두쇠를 뽑는다는구먼."

50여 명 되는 남사당들이 마당으로 모여들었다. 그들의 틈에 끼어 바우덕이도 참석했다. 남사당패의 꼭두쇠는 철저하게 다수결로 선출되었다.

"자, 이 표를 하나씩 받으시오."

"자신이 꼭두쇠로 뽑고 싶은 사람에게 이 표를 던지면 되는 것이오."

한동안 서로 눈치를 보고 있는데 한 남사당이 바우덕이에게 표를 던졌다. 남사당들의 눈이 휘둥그레졌다. 이제까지 유래가 없어서 생각지도 않았던 여자에게 꼭두쇠 표가 갔기 때문이다. 다른 남사당들은 처음엔 놀랐지만 가만히 생각해 보니 이제까지 바우덕이 덕분에 이 사당패가 맥을 이어 왔다는 사실을 깨달았다. 그렇다 보니 바우덕이가 여자라는 것을 무시하고 과반수 이상이 바우덕이에게 표를 던졌다. 바우덕이는 깜짝 놀랐다.

"자, 이제 표를 세겠습니다."

"하나, 둘, 셋, 넷……."

전에 꼭두쇠를 맡았던 거사가 표를 다 세고 나서 말했다.

"지금부터 꼭두쇠는 바우덕이요. 잘들 따라 주시오."

바우덕이는 여자의 몸으로 남사당패에 속해 있으나 남자들을 제치고 사당패의 우두머리인 꼭두쇠가 되었다. 여사당패와 남사당패를 통틀어 여자가 꼭두쇠가 된 것은 바우덕이가 처음이었다. 조선 시대에는 여자 광대들만 모인 여사당패에서도 남자 거사가 꼭두쇠를 맡아 우두머리 역할을 했다.

"바우덕이 만세!"

"우리들의 꼭두쇠 바우덕이 만세!"

남사당패들은 박수 치며 환호성을 질러 바우덕이를 축하해 주었다.

뒤를 이어 꼭두쇠 밑에 있는 계급을 선출했다. 꼭두쇠 밑으로는 꼭두쇠를 도와주는 곰뱅이쇠가 있으며, 그 밑으로 연희 분야를 앞장서서 맡아 하는 뜬쇠가 있다. 뜬쇠 밑으로는 놀이 규모에 따라 남사당패의 재주를 익히는 수련생 가열이 있다. 가열 밑으로는 처음 들어온 초보 삐리들이 있었다. 사당패는 이러한 계급 단체로 규율도 엄격했다.

굶주리는 남사당패 식구들

꼭두쇠가 된 바우덕이는 혼신을 다해 패거리를 먹여 살려야겠다고 속으로 다짐했다. 바우덕이는 남사당 패거리를 전국으로 끌고 다니면서 양반과 지주들에게 기예 솜씨를 보여 먹을 것과 잘 곳을 마련했다. 바우덕이는 기예가 뛰어나 부자들과 지주들에게 인기를 얻어 웃돈까지 받았다. 대부분 놀이판을 열어 공연을 하면 겨우 먹을 것을 얻고 잠잘 곳을 마련하는 게 전부였는데 바우덕이는 노잣돈까지 챙겼다.

이렇게 전국을 떠돌며 놀이판을 벌인 남사당패는 바우덕이패로 알려지기 시작했다. 바우덕이가 그만큼 인기가 대단해서였다. 장마철이 되자 바우덕이패는 안성의 청룡사로 올라갔다. 장마철엔 놀이판을 벌일 수가 없었기 때문이다.

"큰일이여. 이러다간 다 굶어 죽겠네."

"내 이 대감 댁에 다녀올 테니 좀 기다리시오."

바우덕이는 곰곰이 생각하다가 채비를 하고 마을로 내려갔다. 이틀 만에 조와 옥수수를 얻어 가지고 돌아왔다. 몹시 지친 모습이었다.

"아이쿠! 큰일 난 줄 알았잖어."

바우덕이보다 스무 살이나 더 많은 한 단원이 말했다.

"어떻게 구한겨? 가을에 한 마당 놀아 주기로 하고 얻어 왔는가?"

"그렇소. 배고플 테니 이것으로 밥을 지으시오. 난 피로를 풀겠소."

바우덕이는 방에 들어가 누워 이틀 동안 잠만 잤다.

비가 잠깐 개인 틈을 타 바우덕이패는 마을로 내려가 밥을 얻으러 다녔다.

"알라리깔라리 거지래요. 알라리깔라리 거지래요."

아이들이 바우덕이패의 뒤를 따라다니며 놀렸다. 단원들은 먹을 것을 얻는 게 다급해 놀리는 아이들에겐 관심이 없었다. 바우덕이는 단원들을 이끌고 으리으리한 기와집으로 들어갔다. 그 집은 주인 영감이 바우덕이패의 놀이를 좋아해 해마다 바우덕이패가 놀아 주고 밥을 얻어먹었던 집이다.

"대감마님, 장마가 길어서 저희 단원들이 공연을 못해 굶주리고 있으니 먹을 것을 좀 주시면 안 되겠습니까? 장마가 그치면 대감마님 댁에서 한바탕 놀아 드리겠습니다."

마침 대감이 마당에 나와 있어서 바우덕이는 직접 사정을 했다.

"여기가 어느 안전이라고 거지들을 이끌고 들어왔느냐? 어서 썩 나가거라."

"대감마님, 제발 부탁드립니다. 해마다 저희들이 대감마님 앞에서 재롱을 부린 것을 어여삐 여기시어 한 번만 은혜를 베풀어 주시면 그 은혜 잊지 않겠습니다."

"어허! 이 고얀지고!"

"영감, 무슨 일입니까?"

안주인이 대감 쪽으로 걸어오며 말했다.

"아무것도 아니오. 임자는 들어가 보구려."

"아무것도 아니라니요? 이 아이들은 무엇이옵니까?"

"밥을 얻어먹으러 온 모양이요."

"아니! 너는 바우덕이가 아니더냐?"

"예, 마님. 저희 단원들이 굶주리고 있어 장마 뒤에 한판 놀아 드리기로 하고 밥을 좀 얻어먹으면 안 되겠습니까?"

"영감, 이 아이들이 해마다 우리에게 웃음을 선물해 주니 배려를 해 주세요."

"임자가 알아서 하시오."

대감은 획 돌아서 방으로 들어갔다.

"이보게, 이 아이들에게 한상 푸짐하게 차려 주게."

안주인이 옆에 서 있는 몸종에게 말했다.

"고맙습니다, 고맙습니다. 이 은혜 잊지 않고 장마가 그치면 마님 댁에 가장 먼저 와서 한바탕 놀아 드리겠습니다."

바우덕이는 넙죽 엎드려 머리를 조아리며 몇 번씩이나 인사했다.

안성장에서 놀이 한 마당

장마가 끝나자 바우덕이패는 약속한 대로 대감 집에서 한바탕 놀이판을 벌이고 안성으로 나왔다. 경기도 안성장은 영남, 호남, 충청 등 삼남에서 나는 물건들이 모여들어 물건이 풍부하고 물건 거래가 활발하기로 매우 유명했다. 돈 있는 사람들은 안성장에서 물건을 많이 사 두었다가 물건이 없는 고장으로 가서 팔아 더 돈을 벌었다. '안성맞춤'이란 말이 생겨날 정도로 안성장에는 질 좋은 물건이 많았다. 안성장 덕분에 많은 사람들이 드나드는 안성은 물건이 활발하게 거래될 뿐만 아니라 문화적으로도 발달한 곳이었다.

"우리 한 번 크게 판을 벌여 보는 게 어때?"

"그거 좋지."

바우덕이는 장터 한가운데서 놀이판을 벌였다. 고깔모자를 쓰고 소고를 들고 소리를 했다. 그러자 남자 동료들이 함께 북과 꽹과리를 치며 흥을 돋우었다.

"이보시오. 내 말 좀 들어 보소. 우리가 여기서 한바탕 놀아 볼 테니 재밌

거들랑 엽전이나 하나씩 던져 주소."

"얼쑤! 자, 이제 놀아 봅시다."

 흥겨운 풍물 소리에 구경꾼들은 어깨춤을 추었다. 한바탕 풍물놀이가 끝나고 버나 놀이가 시작되었다. 사람들은 갑자기 숨을 죽였다. 아슬아슬한 장면들이 이어졌기 때문이다. 버나 놀이가 끝나자 살판이 시작되었다. 땅재주꾼이 땅에서 공중으로 몸을 돌며 재주를 부렸다. 갈수록 흥미진진해서 사람들은 집에 갈 생각도 않고 구경했다. 그때 바우덕이가 모습을 드러냈다. 바우덕이는 날렵한 몸매로 줄타기를 했다. 구경꾼들은 바우덕이의 줄타기 재주와 미모에 반해 넋이 나간 사람들처럼 꼼짝 않고 지켜보았다. 바우덕이가 줄에서 내려와 절을 올리자 많은 사람들이 엽전을 마구 던져 주었다. 바우덕

이패는 신이 나서 돈을 주우며 구경꾼들에게 몇 번씩이나 인사했다.

바우덕이는 동료들에게 재능을 인정받아 꼭두쇠가 되었을 만큼 구경꾼들에게도 인기가 높았다. 줄을 타고 앉아 화장하는 시늉을 내기도 하고, 줄 위에서 뛰어 돌아앉는 재주도 부렸다. 구경꾼들의 시선을 끌어들인 후 아래를 향해 구성지게 노래를 불렀다. 노래는 구경꾼들의 마음을 설레게 했다. 온통 남자들 판인 남사당패 가운데 돋보이는 여사당이 끼어 있으니 구경꾼들에게 더 인기가 있었다.

그 후로 바우덕이패는 안성에서 유명한 사당패가 되었다. 안성 청룡 바우덕이가 소고만 들어도 돈이 나온다는 노래가 돌 정도로 안성장 안에서 명성이 자자했다.

안성 청룡 바우덕이

소고만 들어도 돈 나온다.

안성 청룡 바우덕이

치마만 들어도 돈 나온다.

안성 청룡 바우덕이

줄 위에 오르니 돈 쏟아진다.

안성 청룡 바우덕이

바람결에 잘도 떠나간다.

(전경욱,《한국전통연희사전》, 민속원, 2014 중에서)

이렇게 사람들에게 재주를 인정받게 되자 바우덕이패는 겨울이 되어도 여름에 장마가 와도 굶지 않게 되었다.

궁궐 초청 공연

바우덕이패가 전국을 돌아다니며 놀이판을 벌여 인기를 모으고 있을 때 한양에서는 흥선 대원군이 경복궁을 짓고 있었다. 경복궁을 짓는 사람들은 몸이 몹시 지쳐 있었다.

"여봐라. 남사당패 바우덕이를 알고 있느냐?"

대원군은 신하들에게 물었다. 대원군은 바우덕이의 기예가 뛰어나다는 소문을 익히 들어 알고 있었다.

"예, 아다마답쇼. 마마, 그런데 마마께서 어찌 그런 천한 계집 이름을 입에 올리시나이까?"

"그 바우덕이 패거리를 불러들여 저 지친 일꾼들을 격려해 주거라."

대원군의 명이 떨어지자마자 바우덕이패는 서울 경복궁 공사장으로 와서 놀이판을 벌였다. 바우덕이가 소고를 치고 노래를 하자 인부들은 열광을 하며 관심을 보였다. 어떤 인부는 바우덕이를 보려고 사람들이 빼곡히 둘러싼 틈을 비집고 들어갔다.

"아이쿠! 이 사람이 왜 이래? 차례를 지키게나."

남사당들의 공연이 끝나고 바우덕이가 공연을 펼치자 일꾼들은 숨을 죽이고 구경했다.

바우덕이의 기예는 사기가 떨어진 일꾼들에게 신명과 힘을 불어넣어 주었다. 지쳤던 일꾼들은 바우덕이패의 공연을 구경하고 나서 다시 기운을 되찾았다. 덕분에 일꾼들은 그 엄청난 규모의 경복궁 공사를 잘 마무리할 수 있었다.

"바우덕이패가 아니었다면 경복궁은 다 짓지도 못했을 거여."

"그려, 그 바우덕이의 노래가 아직도 들리는 듯하네그려."

바우덕이가 없었다면 흥선 대원군은 경복궁을 짓는 것을 포기해야 했을지도 모른다. 그래서 흥선 대원군은 바우덕이가 큰 공을 세웠다고 생각했다.

흥선 대원군은 공로에 보답하기 위해 바우덕이패에게 당상관 정3품에 해

당하는 벼슬아치들의 망건에 다는 옥관자를 선물로 주었다. 옥관자는 망건에 달아 당줄을 끼우기 위한 옥으로 만든 작은 고리다. 이렇게 큰 상이 천민으로 구성된 남사당패에게 내려진 것은 정말 놀라운 일이었다. 무엇보다 그동안 일개 놀이패에게 그렇게 큰 선물이 내려진 적이 없었다.

바우덕이패는 그들이 들고 다니는 깃발 위쪽에 옥관자를 달고 아래쪽에는 다섯 방위를 뜻하는 오색 삼각기를 붙이고 다녔다.

"저기, 바우덕이패다!"

"깃발에 옥관자가 달려 있는 것을 보니 틀림없네그려."

바우덕이패가 대원군에게 받은 옥관자를 단 사당패 깃발을 앞세우고 가면 전국의 모든 사당패가 절을 드렸다.

전국 공연 단체 중에서 대장 역할을 담당한 바우덕이가 이끄는 안성 남사당패는 전국 어디에서건 공연을 할 수 있는 최초의 전국구 공연 단체가 되었다. 바우덕이패의 원래 이름은 안성 남사당패였지만, 바우덕이가 워낙 유명하고 바우덕이의 공이 커 "바우덕이패"로 불렸다.

바우덕이의 흔적을 찾아서

유적지

↑ 바우덕이 묘

↑ 남사당 전수관

● **바우덕이 묘**

안성 남사당패가 전국민속경연대회에 출전하여 대통령상을 받아 1997년에 경기도 무형 문화재 제21호로 지정되었다. 안성 남사당패가 무형 문화재로 지정된 근원에는 바우덕이가 있었다고 생각해 바우덕이 묘를 찾아내어 묘비를 세워 주었다. 경기도 안성시 서운면 성진로 1279-76

● **바우덕이 사당**

바우덕이 사당은 2005년에 바우덕이의 넋을 기리고자 바우덕이의 생가 터인 청룡리 불당골에 건립되었다. 청룡리 불당골은 안성 남사당패의 근거지였으며 바우덕이가 기예를 익힌 곳이기도 하다. 경기도 안성시 서운면 청룡길 128-29

● **남사당 전수관**

남사당 전수관은 최초의 여성 꼭두쇠로 알려진 바우덕이를 기리고 안성의 전통 놀이인 남사당 풍물놀이를 계승해 후학을 양성하기 위해 설립되었다. 전수관에는 야외 공연장과 사무실, 식당, 숙소 등을 갖추고 있으며 전수관 앞마당에는 황토로 만든 야외무대가 설치되어 있다. 해마다 4월부터 10월까지 토요일 오후에는 야외 공연과 전통 놀이 체험 프로그램이 펼쳐진다. 어린이들을 위한 체험 학습으로 줄타기 체험, 소고놀이 체험, 버나 놀이 체험 등도 준비되어 있다. 남사당 전통문화와 '바우덕이'의 예술 정신을 계승하고 발전시키고자 '안성 바우덕이 축제'도 열리고 있다. 축제에서는 줄타기, 풍물놀이, 살판, 탈놀음, 덜미(인형극), 버나 놀이 공연을 볼 수 있다.

경기도 안성시 보개면 남사당로 196-31

바우덕이의 흔적을 찾아서

● 남사당놀이 여섯 마당

1. 풍물놀이 남사당놀이 여섯 마당 중 가장 중심적인 역할을 한다. 20~30명이 꽹과리, 장구, 북, 징, 소고, 태평소를 갖고 진풀이, 무동, 벅구놀이, 재상놀이, 선소리 등 다양하고 다채로운 놀이를 펼친다.

2. 버나 놀이 가정에서 곡물을 거르는 데 쓰는 채를 돌리기 쉽도록 가죽으로 둥글고 넓적하게 개조한 버나를 나무나 담뱃대로 돌리는 놀이다. 버나 대신 접시나 쟁반 같은 것을 사용하기도 한다.

3. 살판 어릿광대와 꾼이 재담을 주고받으며 서로 땅재주를 부리는 놀이다. '잘하면 살판, 못하면 죽을 판이다'라는 말에서 이름이 붙여졌다.

4. 어름 줄타기 놀이로 '얼음 위를 조심스럽게 걷듯이 어렵다'는 뜻으로 붙여진 이름이다. 그래서 줄타기를 하는 사람을 '어름산이'라고 부른다.

5. 덧뵈기 '탈을 쓰고 덧본다'라는 뜻에서 지은 이름으로 탈춤놀이를 말한다. 우리나라의 남부, 중부, 북부 지방의 다양한 탈놀이를 종합하여 만들었다.

6. 덜미 민속 인형극 꼭두각시놀음을 말한다. 목덜미를 쥐고 노는 인형 놀이 또는 뒷덜미를 잡고 노는 인형 놀이라는 뜻에서 유래되었다. 박첨지 놀음, 꼭두 박첨지 놀음 등으로 불리기도 한다.

약력

1848년	안성에서 가난한 소작농의 딸로 태어남.
1853년	안성 서운면 청룡사 안성남사당 입단함(선소리, 줄타기, 풍물, 무동, 새미의 모든 남사당 공연 예술 학습).
1863년	남사당에서 최초이자 최후의 여성 꼭두쇠로 활동 시작함.
1865년	고종 2년 경복궁 중건에 안성 남사당패를 이끌고 공연함. 정3품 당상관 벼슬에 해당하는 옥관자 수상함. 남사당을 전국 예술 집단의 최고봉으로 끌어올림.
1865년~70년	안성 남사당패가 '바우덕이패'로 통칭되면서 전국을 다니며 공연 활동을 펼침.
1870년	폐병으로 세상을 떠남. 남사당 단원들이 바우덕이를 청룡리 골짜기에 안치하고 장례를 지냄.

창의력 활동

바우덕이 묘와 사당 그리고 남사당 전수관을 다녀와서 나만의 체험 학습 보고서를 꾸며 보아요. 형식에 구애받을 필요는 없지만 보고서에 꼭 들어가야 할 구성 요소는 갖추어야 합니다. 체험 학습 보고서의 구성 요소는 다음을 참고하세요.

<체험 학습 보고서 구성 요소>
1. 체험 날짜, 체험 장소, 체험 학습의 주제, 체험 동기, 함께 체험한 사람들, 준비물을 쓴다.
2. 체험 학습 내용을 자세하게 쓰고 보조 자료로 사진이나 그림을 넣는다.
3. 체험 학습 후 느낀 점, 새롭게 알게 된 점, 건의 사항 등을 쓴다.

해군 장수 연수영

[경기도]

연수영의 군대

"오라버니, 바다는 하늘이 내린 요새이니 이 바다를 누비는 장수가 되고 싶습니다."

"나도 바다를 지킬 마땅한 수장을 찾고 있었다. 수영이 너는 비록 여자의 몸이지만 군략이나, 문예, 무예 등이 남자들보다 뛰어나 바다를 맡겨도 문제가 없을 것 같구나."

오라버니는 내가 바다를 지키겠다는 말에 흔쾌히 승낙했다.

"연수영을 석성의 도사로 명하노라."

도사는 벼슬 이름인데, 나는 석성도사로 승진하고 나서 당나라 군대의 침략에 대비해 수군을 강하게 만드는 데 노력했다.

"오라버니, 수군을 좀 더 늘려야겠습니다. 지금 배치된 군사로는 당을 당해 내지 못할 것입니다."

"네 말이 옳다. 지금 바다에 있는 우리 수군 가지고는 무리인 듯하다. 네 뜻대로 해 보아라."

오라버니의 허락이 떨어지자 나는 전략을 세밀하게 짜서 군사를 5천 명까지 늘렸다. 전함도 700여 척으로 늘려 놓았다.

"허허허, 우리 수영이가 문예와 무예에 탁월한 능력을 가지고 있어 부하들을 통솔하는 데 능력이 있는 듯하구나."

"과찬의 말씀이옵니다."

"부하 장졸들이 너를 믿고 잘 따르고 있으니 괜한 칭찬은 아니다."

　오라버니의 칭찬이 격려가 되어 나는 기운이 더욱 솟아났다. 바다는 내가 맡아 지키고, 육지의 성안은 양만춘 장군이, 성 밖은 오라버니 연개소문이 지키며 총 지휘를 하고 있어 당의 침략이 두렵지 않았다. 그런데 내가 여자라는 이유로 불편한 점이 한 가지 있었다. 남자와 신체적으로 차이가 있기 때문에 남자 군인들과 생활하기가 불편했다. 이러한 내 마음을 알아차린 오라버니가 나를 불러 말했다.

　"수영아, 네가 생활할 수 있는 누각을 지어야겠다."

　"네, 오라버니. 다른 것은 괜찮은데 남녀가 신체 구조가 다르니 생활 공간은 여자와 남자 각각 따로 있어야 할 듯합니다."

　오라버니는 곧바로 건축공들을 불러 누각을 짓게 하고 누각 이름을 '소장루'라 지어 주었다. 나는 본격적으로 소장루에서 전략을 짜고 사무를 보며 일에 매진했다. 소장루에서 업무를 보는 시간 외에는 해군들에게 훈련을 혹독하게 시키며 군력을 키워 갔다.

"수영아, 병적은 살펴보았느냐?"

"네. 군사들의 성격을 파악하고 있는 중입니다."

"성격 파악을?"

"네. 사람은 성격에 따라 장점이 드러나기 마련이라 그것을 이용하려 합니다. 의심이 많고 소심한 군사는 성내의 수비 병력에 제격이지요."

"오호! 그렇겠구나. 어찌 그리도 세심한고?"

"앞으로 할 일이 아주 많사옵니다. 필요한 전함도 설계해야 하고, 무기도 설계해야 하고, 어떤 방법과 어떤 전술로 전쟁에 임할 것인지 세부적인 계획도 세밀하게 세워 둬야 합니다. 석성과 봉황성이 어떻게 연계되어 있는지 살펴보고, 가시성과 건안성 그리고 비사성과의 연계도 살펴보아야겠습니다. 석성의 행정력과 경제력을 길러야 해요. 이 중 하나라도 소홀함이 없이 치밀한 계획을 세우고 있는 중입니다."

"오호, 역시 내 동생이로구나. 장하다. 너를 믿는다. 바다를 너에게 맡기길 아주 잘한 것 같구나. 든든해."

"오라버니, 과찬의 말씀이십니다. 나라가 이 지경이면 누구나 애국심을 가지기 마련이죠."

나는 한 달가량 계획을 꼼꼼히 세우면서 혹독한 군사 훈련에 들어갔다. 군사들이 힘들어할 때는 어루만져 주고 기강이 해이해지면 매섭게 혼을 냈다. 내가 이끄는 해군이 날이 가면 갈수록 기강이 잡히고 강해져 가는 것이 보여 흐뭇했다. 군인들 하나하나의 눈에 힘이 들어가 있고, 몸이 단단하고 날렵해져 있었다. 당장 당나라 군대가 쳐들어와도 모두 집어삼킬 기세였다.

창려 해전의 승리

보장왕이 왕위에 오른 지 4년째 되는 해였다. 보장왕은 당나라 태종 이세민이 30만 원정군을 이끌고 우리 고구려로 오고 있다는 전갈을 받았다. 왕은 각 적지에 전갈을 보내 전쟁을 준비하라는 명을 내렸다. 나는 뒤늦게 왕의 전갈을 받고 서둘러 전략을 세우려 했지만 시간이 너무 부족했다. 요동 도행 군대총관 이세적이 거느린 당나라 육군이 요하를 건너 신성과 건안성을 공격해 왔다. 그리고 황제의 본군과 합세해 개모성과 요동성을 점령하고 백암성의 항복을 받아 냈다.

'낭패로다. 이를 어쩐담?'

나는 피가 거꾸로 솟는 것 같았다. 목에 아무것도 넘어가지 않았다. 이튿날 평양도 행군대 총관 장량이 이끈 수군이 요동반도 남단의 비사성을 점령했다는 슬픈 소식이 들려왔다. 이어서 당나라 군대는 바다와 육지의 합동 작전으로 요동반도를 휩쓸어 차지하고 압록강과 대동강 하구로 상륙해 평양을 공격하려 했다. 우리 고구려가 큰 위험에 처한 셈이었다.

나는 그동안 강하게 훈련해 놓은 수군 5천 명과 전투에 사용할 튼튼한 배 100여 척을 이끌고 당나라 군대의 해상 기지인 창려로 향했다. 창려 쪽은 당나라 수군 부총관인 설만철이 수송 함대를 거느리고 기습해 오고 있었다.

"석성도사님, 설만철이 이끄는 적군이 가까이 다가오고 있습니다. 이제 출병을 해야 할 때라 생각되옵니다."

"지금은 때가 아니오. 바람이 심상치가 않아. 물 흐르는 방향이 갑자기 바뀌는 경우가 있어 배가 뒤집힐 우려가 있으니 잠시 바람의 방향을 지켜봐야 하오."

"석성도사님 말씀이 옳습니다. 지금 출범하는 것은 옳지 않습니다. 게다가 그쪽은 적지이며 전세가 강해서 출병을 심사숙고해야 하옵니다."

우리 수군들은 내 말을 잘 따라 주었고 신중하게 대처했다.

"석성도사님, 바람의 방향이 바뀌었습니다. 물이 거꾸로 흐르고 있어요."

"오호! 이제 때가 왔나 보구나! 다시 물의 방향이 바뀔 때까지 기다렸다가 출병합시다. 밤이 되면 다시 바뀌게 될 것이오."

우리는 바람의 방향이 다시 바뀌기만을 바라며 체력 단련을 하고 있었다.

"석성도사님, 바람의 방향이 바뀌고 있습니다."

내 예상이 적중했다. 저녁을 먹고 나니 바람의 방향이 바뀌기 시작했다.

"출병을 준비하라!"

나는 바로 출병 명령을 내렸다. 군사들은 긴장을 하면서 적군 기지로 서서히 다가섰다.

"악!"

우리 군사가 적군이 쏜 화살에 쓰러졌다. 나는 화를 참을 수가 없었다.

"공격하라!"

우리 군사들이 적을 향해 돌격했다. 화살이 빗발처럼 날아왔다. 적군의 수는 우리 군사보다 훨씬 많았다.

"적군의 배를 노려라! 적군의 배를 침몰시켜라! 비록 우리 군사와 배가 적군보다 적으나 우리 대고구려의 정신력으로 버티면 살아남을 것이다! 돌격하라!"

나는 적군의 배를 집중적으로 공격해 배를 침몰시키는 데 몰두했다. 내가 불을 붙여 쏜 화살이 적군의 배에 적중했다. 내 화살에 맞은 배는 불에 훨훨 타오르면서 물속으로 가라앉았다. 군사들은 내가 짠 전략대로 잘 움직이며 적을 공격했다. 적군들은 우리 군이 쏜 화살에 맞아 낙엽이 떨어지듯 떨어져 나갔다.

우리 군의 화살에 죽은 적군들은 무려 2만여 명이나 되었고, 우리가 바다에 가라앉힌 적군의 배는 100여 척이나 되었다. 당나라 군대가 배를 돌리기 시작했다.

"석성도사님! 적군들이 물러가나 봅니다."

"만세! 우리가 이겼다!"

"만세!"

적군들이 배를 돌려 돌아가는 모습을 보고 모처럼 바다에 평화가 찾아왔다. 적군들이 돌아가는 것을 지켜본 군사들은 좋아서 만세를 불렀다. 나는 창려 해전에서 잘 싸운 공으로 도사에서 수군 장군으로 승진했다.

승승장구하여 수군의 원수가 되다

나는 쉴 틈 없이 군사를 이끌고 대흠도와 광록도 등의 전쟁터에 나갔다. 각각 적선 50여 척을 불사르고 8천여 명의 적군을 무찔렀다. 잘 세운 전략 덕분에 우리 군은 피해가 거의 없었다.

당나라가 패하자 당나라 군대의 설만철, 구행엄, 왕대도, 강행본 등 수군 장수들이 이끄는 부대가 가시포와 노백성을 침공해 왔다. 나는 젖 먹던 힘을 다해 싸울 각오로 돌격을 명했다.

"돌격하라! 한 발자국도 물러서서는 안 된다."

우리는 눈에 힘을 주고 적군에게 다가서서 최선을 다해 싸웠다.

"퇴각하라! 퇴각하라!"

당나라 군대 쪽에서 퇴각 명령 소리가 들려왔다. 우리 고구려 수군은 적군이 몰고 온 80척의 배와 5천여 명의 군사를 물리쳤다.

그리고 다시 당나라 군대가 10만 대군을 태운 1천여 척의 배를 몰고 들어와 대장산도 해전을 벌였다. 우리 고구려 수군은 총공격하여 당나라 군대가 끌고 온 수백 척의 배와 5만여 명의 군사를 무찔렀다. 당나라 군대는 우리 군보다 5배나 많은 군사를 두고 있었으면서도 우리 고구려 군사를 당해 내지 못하고 물러갔다. 군사 수로는 당을 이겨 낼 수가 없어 계략을 잘 짠 덕분이었다.

"우리는 적군보다 군사의 수가 몇 배로 적으니 저들의 군량 보급을 막아야 한다. 이쪽 물길을 막아 버린다면 저들이 이 길로는 양식을 나르지 못할 것이다."

"그럼 육지의 길로 다닐 게 아닙니까?"

"육지의 길도 우리 고구려 군이 막고 있어 꼼짝없이 먹을 것이 끊길 거야."

얼마 뒤에 당나라의 군량을 보급하는 육지의 길과 바다의 길 두 길이 완전히 끊겨 버렸다. 이렇게 되니 당나라 군대는 퇴각할 수밖에 없었다.

하지만 당나라는 퇴각했다가도 끊임없이 우리 고구려를 침범해 들어왔다. 나는 화가 나서 이듬해인 보장왕 5년에 봉래 공격에 대한 전략을 아주 세밀하게 세웠다. 기회를 틈타서 군사를 이끌고 산둥반도로 향해서는 봉래포로 기습 공격해 들어갔다. 당나라 군대가 우리 수군을 발견하고 공격해 왔다. 우리 고구려도 기회다 싶어 공격해 들어갔다. 준비가 안 된 당나라 군대는 전략이 허술해 보였다. 나는 이 해전에서도 지혜로운 계략으로 대승을 거두었다.

"연수영은 바다의 전쟁에서 세운 공이 크므로 수군의 원수로 명하노라."

"우리 연수영 원수 만세!"

군사들이 환호성을 지르며 나에게 축하해 주었다. 그 뒤로도 나는 최선을 다해 우리 고구려 바다를 지켜 가기로 마음먹었다.

진실은 밝혀지기 마련

연개소문 오라버니 처소로 가고 있을 때였다. 배다른 남매 연정토가 자기 패거리와 함께 오라버니 처소로 바쁘게 가고 있었다. 나는 바짝 따라가 문 앞에 서서 귀를 기울였다.

"형님, 수영이가 여자의 몸인지라 남자 군사들을 통솔하지 못하는 것 같습니다."

"뭐야? 그럴 리가 없다. 이제까지 군대를 잘 이끌어 오면서 적을 무찔러 공을 세운 것은 무엇이더냐?"

"그건 우리 남자들이 뒷받침을 해 주었기 때문이지요. 형님."

"닥치거라. 수영이가 여자라고 깔보지 마라. 수영이는 나약하지 않아. 너보다 훨씬 군대를 이끄는 힘이 강하다."

잠시 침묵이 흐르더니 연정토의 목소리가 들렸다.

"형님, 여기 이놈이 수영이 수하이온데 모두 실토를 했습니다."

연정토는 내 부하 한 명을 자기편으로 만들어 놓은 모양이었다.

"연정토의 말이 사실이더냐?"

한참 침묵이 흐르다가 내 부하의 목소리가 들렸다.

"네, 사실이옵니다."

'아니, 저런 배신자 같으니라고!'

"우리 수영이가 그럴 리가 없어. 내가 장담한다. 장담해!'

오라버니는 사악한 연정토와 그 일당들의 말을 믿지 않는 것 같았다. 연정토 일당들은 내가 공을 세워 승진하는 것에 대해 질투를 하고 모사를 꾸미는 것 같았다.

'이를 어쩐담?'

"내 알았으니 모두 물러가 있거라. 마마와 상의한 후에 조치하겠노라."

연정토와 그 일당들이 물러간 뒤에 나는 오라버니 방에 들어갔다.

"오라버니, 수영이옵니다."

"들어오너라."

"저에 대한 반발이 심한 듯한데 제가 어찌해야 합니까?"

"이 오라버니는 너를 믿는다. 그런데 너를 믿지 못하는 세력이 적지 않은 듯하니 잠시 유배를 가 있으면 어떻겠느냐? 그 정토 놈을 가만두지 않을 게야. 연정토 네 이놈을!"

오라버니가 갑자기 화를 참지 못하고 큰 소리를 냈다.

"왕께서 정토를 감싸 주고 계셔서 어쩔 도리가 없어요. 제가 잠잠해질 때까지 유배를 떠나 있겠습니다. 오라버니께 심려 끼쳐 드려 죄송합니다."

나는 죄도 없는데 유배를 떠나야 한다고 생각하니 가슴이 쓰려 왔다.

결국 나는 낙마해 머나먼 부여성으로 유배를 떠나게 되었다. 연정토 일당이 나를 해치려고 죄가 있는 것처럼 꾸며 윗사람에게 보고했기 때문이다. 그 뒤로 내 수군 원수 자리는 연정토가 차지했다.

'그놈이 그 자리가 탐났던 게야. 못된 놈 같으니라고. 어디 두고 보자.'

소문에 따르면 연정토는 수군 총사령관이 되자마자 공을 세워야겠다는 마음에 무작정 당의 수군 기지인 신성도 협량곡을 공격했다가 참패를 당했다. 그리고 연정토가 벌이는 군 권력 다툼에 노한 오라버니는 연정토를 파면시키려 했다.

"원수님, 연개소문께서 연정토를 파면하여 옥에 가두었다고 합니다. 그리고 그의 편이 되어 그를 도운 사람들에게는 철퇴를 휘둘러 참형을 시켰다 하옵니다."

"내 그들이 천벌을 받으리라 생각은 하고 있었다만, 그들의 최후가 생각보다 빨리 찾아온 것 같구나."

"연개소문께서 연정토를 아예 죽여 버리려고 했는데 보장왕께서 애원하며 사정하시는 바람에 목숨만은 살려 주었다고 합니다."

억울하게 귀양살이하던 나는 누명을 벗고 다시 내 자리로 돌아갔다.

연수영의 흔적을 찾아서

유적지

● **중국 요녕성 개주시 청석관 유적**

중국에 있는 청석관 유적에는 연수영이 생활했던 소장루가 있다. 소장루는 길이와 너비가 모두 5m인 2층 누각이다. 전해지는 말에 따르면 연수영의 오빠 연개소문이 누이동생 연수영을 위해 지었다고 한다. 연수영은 여자 장수라서 남자 장수들과 내성에서 함께 지내기가 어려워 연수영이 지낼 누각을 지어 준 것이다. 연수영은 소장루에서 중요한 군의 업무를 돌봤다.

● **더 가 볼 만한 곳**

강화역사박물관, 고구려 대막리지 연개소문 유적비. 지금 한국에는 아쉽게도 연수영에 대한 유적이 남아 있지 않다. 그러나 연수영의 남매인 연개소문의 유적을 통해 연수영의 고향이 강화도라는 것을 예측할 수 있다.

약력

태어난 해와 죽은 해는 알려지지 않았고, 강화도에서 태어난 것으로 추측되며, 642년부터 651년까지 10년 동안의 활약상만 전해진다.

642년	석성도사로 부임하여 5천여 명의 수군을 양성하고 70여 척의 전함으로 늘림.
645년 6월	창려 해전을 승리로 이끔.
645년 8월	대장산도 해전을 승리로 이끌어 해군 군주 겸 수군 장군으로 승진.
	● 대흥도와 광록도 등지에서 각각 적선 50여 척을 불사르고 8천여 명의 적군을 사살하는 전과를 올림.
	● 노백도와 가시포에서 적선 80여 척을 격침시키고 5천여 명의 당나라 군사를 살상하는 전공을 세워 해군 원수로 승진.
646년	봉래포 대첩에서 대승을 거둠. 장량과 정명진이 지휘하는 당의 해군과 4일 동안 싸워 300여 척의 적선을 불태우고 2만 명의 적병을 살상하는 대승을 거둠.
648년	연정호 일당의 참소로 낙마해 부여성으로 유배. 누명을 벗고 수군 원수로 복귀함.

창의력 활동

연수영의 업적을 만화로 꾸며 보아요. 먼저 몇 컷으로 그릴 것인지를 정하고 대본을 짠 다음 만화 그리기 작업을 해 보세요.

최승희

한국 현대 무용을 이끈

새로운 것에 대한 도전

"선생님, 저도 무용을 하고 싶습니다. 제자로 받아 주세요."

최승희는 오빠와 경성에서 이시이 바쿠의 무용 발표회를 보고 현대 무용가가 되기로 결심했다. 이시이 바쿠가 경성에서 공연을 마치고 일본으로 떠나기 전에 그를 몇 번씩이나 찾아가 만났다. 한국에는 아직 현대 무용을 가르쳐 줄 선생님이 없었기 때문이다. 이시이 바쿠는 최승희의 물음에 대뜸 말했다.

"춤을 한번 추어 보거라."

"네?"

"왜 놀라느냐? 어서 추어 보아라."

최승희는 단호한 이시이 바쿠 앞에서 주눅이 들었다. 최승희는 최대한 세련된 춤을 추어 보이려고 애를 썼다. 다 추고 나니 이시이 바쿠가 고개를 흔들면서 말했다.

"아니야, 아니야. 어설픈 서양 춤 말고 너희 나라의 고유한 조선 춤을 추어 보란 말이야."

"우리 조선 춤을요? 우리 조선 춤은 홀대받는 춤이라서 추고 싶지 않아요. 제가 추고 싶은 춤은 조선 사람들의 마음을 표현하는 거예요."

"지금 네가 춤을 추면서 조선의 마음을 표현했다고 생각하느냐? 넌 단지 서양 사람들의 춤을 흉내만 냈을 뿐이다."

최승희는 이시이 바쿠가 자기를 인정하지 않는 것 같아 기분이 나빴다. 최승희는 흔히 기생들이 추는 조선 춤에는 추는 사람의 예술 정신이 들어가 있지 않다고 생각했다. 조선 춤은 그냥 술자리에서 흥을 돋우기 위해서 마지못해 추는 춤이라 생각했다.

"춤이란 말이야. 추는 사람이 누구인지를 막론하고 추는 사람의 혼을 담는 거야. 네 생각을 바꾸는 게 좋겠구나. 그런 편견을 가지면 안 된다."

"선생님은 우리 조선 춤에 대해서 잘 아세요?"

"그럼, 아다마다. 조선의 전통 춤에는 진정한 얼이 담겨 있어서 매력이 가득하지."

 최승희는 이시이 바쿠의 말을 듣고 부끄러웠다. 최승희는 우리 춤 중에 무엇을 추면 좋을까 생각하다가 〈아리랑〉에 맞춰 추웠다. 춤에 빠져서 추다 보니 저절로 〈아리랑〉도 부르게 되고 춤의 동작이 편안하게 나왔다. 춤을 추는 최승희의 모습은 마치 아름다운 나비 한 마리가 사뿐사뿐 날갯짓하며 노니는 것 같았다. 그러면서 얼굴 표정에서는 고단한 삶에 대한 한이 그대로 나타나 있었다.

 "아주 좋아! 아까 처음 추었던 춤보다 훨씬 낫구나. 아주 훌륭해! 너는 어떠냐? 이래도 너희 조선 전통 춤을 우습게 생각할 테냐? 특히 네가 지금 춘 전통 춤은 조금 독특한 면이 있구나."

 이시이 바쿠가 박수를 치며 극찬했다. 최승희는 조선의 예술을 천하게 여긴 것이 부끄러워서 아무 말 없이 고개를 숙였다. 자기 얼굴에 침을 뱉은 기분이었다.

 "죄송합니다. 제 생각이 부족했어요."

"그래, 깨달았으면 됐다."

'이제 내 춤을 인정받은 건가?'

최승희는 이시이 바쿠의 얼굴이 환해지는 걸 보니 마음이 놓였다.

'내가 어쩔 수 없이 일본 사람을 스승으로 모시지만 나는 조선의 무용가라는 것을 잊지 않을 거야.'

최승희는 몇 번이고 다짐했다. 최승희가 이시이 바쿠에게 무용을 배우는 목적은 조선에서 아직 알려지지 않은 현대 무용을 익혀 전파하기 위해서였다. 최승희는 열심히 배워서 조선으로 돌아가 현대 무용의 새로운 열풍을 일으키리라 다짐했다. 최승희는 발에 물집이 잡히도록 열심히 무용 연습을 했다. 춤을 출수록 조선의 전통적 춤의 아름다움을 발견하게 되었다.

"맞아, 이거야. 현대 무용과 우리 고유의 전통 춤을 접목하면 우리만의 세련된 무용을 만들 수 있겠는걸? 나는 꼭 조선을 대표해서 전통이나 풍물을 살려 내는 무용을 할 거야. 그것이 내가 부여받은 책임이자 나의 긍지다."

최승희는 무용을 열심히 하다 보니 새로운 아이디어도 떠올랐다. 최승희는 열심히 무용을 연구하며 새로운 무용을 즐겁게 만들어 갔다.

사람들의 인식을 바꾸어야 해

최승희는 이시이 바쿠를 따라 도쿄로 간 지 3년 만에 고국 땅을 밟았다.

"현대 무용을 알리려면 먼저 무엇을 해야 하지? 먼저 천대받았던 우리 춤에 대한 예술성을 알려야 해."

최승희는 고심 끝에 자신의 이름을 걸고 '최승희 무용 연구소'를 열었다. 그곳에서 어렵게 배워 온 새로운 서구적 예술인 현대 무용을 조선에 전파하기 위해 가르치는 일과 연구하는 일을 계속했다.

"최승희 무용 연구소가 뭐지? 무용을 하는 곳이라면 기생 교육하는 곳인가?"

"춤은 기생들이나 추는 것인데, 최승희는 못 들어 본 기생이야. 지방에서 올라온 기생인가?"

연구소 앞을 지나가는 사람들이 간판을 보고 한마디씩 했다. 새로운 예술을 전파하겠다는 부푼 꿈을 안고 고국으로 돌아왔지만 최승희에게 돌아온 것은 차가운 시선들뿐이었다. 최승희는 가슴이 답답하고 감정이 복받쳐 눈물이 났다. 마음을 가다듬고 해결 방법을 곰곰이 생각해 보았다.

'맞아. 우리가 아직 서구 문화를 접하지 않았고, 무용을 천대하는 고정 관념을 가지고 있어서 그럴 거야. 내가 그 인식들을 모두 바꾸어 줄 테야. 먼저 무용에 대한 우리 조선 사람들의 인식을 바꾸는 것이 중요해.'

시간이 지나자 몇몇 신여성들이 연구소로 찾아와 무용에 대해서 물었다. 최승희는 그들에게 서구 현대 무용의 예술성과 조선 무용의 위대함을 알리려 노력했다.

"우리 조선의 춤이 기생들만 추는 춤으로 천대받아서는 안 됩니다. 우리가 나서서 우리 조선 춤의 예술성을 널리 알려야 해요."

최승희는 찾아오는 사람들에게 자신이 배워 온 새로운 춤에 대해 성의껏 소개하고 우리 춤의 우수성을 알렸다. 차츰 소문을 듣고 찾아오는 여성들의 수가 늘어났다. 최승희는 신이 나서 가만히 앉아 있어도 저절로 덩실덩실 춤이 추어졌다. 최승희는 우선 찾아오는 이들에게 우리 춤에 대한 인식을 바꾸어 나가는 일에 함께 결의하고 동참해 주기를 부탁했다. 그들은 적극적으로 동참하겠다고 약속했다.

"우리 조선의 춤이 본래 천한 것은 아니에요. 우리 여성들이 모두 춤을 배워 우리 전통 춤의 인지도를 높여야 합니다. 구시대의 사고에 머물러 있어서는 안 됩니다."

"우리도 배워야겠어요. 가르쳐 주세요."

"자, 그럼 내일부터 나와서 저와 함께 우리 춤을 연구하고 배워요."

최승희 무용 연구소에 찾아왔던 여성들은 이튿날부터 나와서 춤을 배웠다.

"우리 춤을 좀 더 새롭고 현대적 감각을 살린 아름다운 춤으로 만들도록 노력해야 해요. 옛것을 새롭게 한다는 마음으로 춤을 추어 보아요."

최승희는 나비가 날개를 펄럭이듯 팔과 손을 움직이면서 사뿐사뿐 춤사위를 선보였다. 최승희의 몸짓에서 세련된 아름다움이 보였다.

"자, 이 동작은 세련되지 못한 동작이에요. 이렇게 해 보세요. 무용을 하려면 탐구 정신과 민족정신이 투철해야 해요. 탐구하지 않으면 발전할 수가 없어요. 우리 무용은 우리 민족만이 가지고 있는 고유의 정신을 담아내야 해요. 서구의 현대 무용을 그대로 흉내만 내는 것은 우리에게 의미가 없어요."

최승희는 학생들에게 무용을 배우기에 앞서 탐구 정신과 민족정신의 중요성을 가르쳤다.

"춤은 나의 감정을 몸으로 표현해 내는 예술이라는 것을 명심하세요. 긍지와 자부심을 가지고 자신의 감정을 몸으로 충분하게 표현해 보아요."

최승희는 춤을 엄격하게 가르쳤다. 최승희는 서구의 현대 무용을 배우면서 우리의 전통적인 무용을 새롭게 창조하고자 하는 꿈을 꾸어 왔다. 우리의 우수한 전통적 예술성을 이어받은 것이 자랑스러웠다.

조선인들의 무용에 대한 인식이 조금씩 바뀌어 가고 있을 때, 최승희는 자신이 배운 새로운 무용을 대중들에게 선보여야겠다는 생각이 들었다. 공연 일정을 상의하러 경성공회당에 찾아갔다. 공연장이 경성공회당 한 곳밖에 없어서 미리 예약을 잡아야 했다.

"귀국 기념으로 내년 2월 중에 무용 발표회를 열고 싶은데, 공연 일정이 비어 있는 날짜는 언제인가요?"

"요즘 공연 일정이 많이 잡혀서 거의 꽉 차 있는데, 한번 봐 드릴게요."

경성공회당 직원은 공연장 대여 예약 장부를 꺼내서 훑어보았다.

"아! 여기 이틀 비어 있네요. 2월 1일과 2일요."

"다행이네요. 감사합니다. 그날로 잡아 주세요."

발표회는 1930년 2월 1일부터 2일까지 이틀 동안 하기로 했다. 최승희는 연구소로 돌아와 발표회 준비에 들어갔다. 한국에서 처음으로 현대 무용을 선보이는 발표회이기 때문에 더욱 꼼꼼하게 준비했다.

"아주 새로운 것을 만들어야 해. 이렇게 하는 게 좋겠어. 우리 악기에 맞춰 우리 전통 무용과 현대 무용을 접목해 만드는 거야. 그러면 우리 정서에도 맞고 새로운 춤이 될 거야."

최승희는 잠자는 시간을 아껴 가며 날마다 무용을 창작했다. 우리 고전 음악의 다양한 곡을 들어 보기도 하고, 춤 동작을 창작해 보기도 하며 작품을 완성해 갔다.

"음악은 우리 악기로 연주한 〈영산회상〉으로 하고, 내가 만든 춤은 '영산무'라 제목을 붙이면 되겠다."

최승희는 춤 동작 하나하나에 현대적이면서도 우리 한국의 정서를 살려 내려고 무척 애를 썼다.

"이 작품은 우리 민족의 사상이 들어 있는 내 최초의 작품이 될 거야."

최승희는 자신이 만든 무용에 자부심을 갖고 1회 최승희 무용 발표회를 열었다. 발표회는 성공적이었다. 최승희의 1회 발표회는 한국인 최초의 독자적인 춤 공연이었다.

한류를 타고 세계로

최승희가 연 1회 발표회는 무용에 대한 사람들의 인식을 바꾸는 데에 많은 도움을 주었다. 그 뒤로 최승희는 미국 순회공연을 나가기도 했다. 미국 순회공연을 하고 돌아와 보니 자신의 이름이 널리 알려져 있었다. 최승희는 귀

국 후 신문에 자신의 이름이 실린 것을 보고 깜짝 놀랐다.

'세계적인 조선의 무용가 최승희, 공연 성공적으로 마무리하다!'

최승희는 기사를 보고 가슴이 뛰었다.

'이제야 해냈어. 이제 내 이름이 알려지기 시작했어. 나도 이제 여성 춤 전문가가 된 거야.'

최승희는 일본과 미국 공연에서 인기를 얻어 뉴욕에서 한 번 더 공연을 한 뒤 유럽으로 건너가 공연했다. 1937년 12월에는 미국을 거쳐 프랑스, 스위스, 이탈리아, 네덜란드 등을 순회공연했다. 해외 공연을 마치자 평론가들은 최승희를 '동양의 최고 무용가'라고 칭찬했다. 특히 프랑스에서는 최승희의 공연을 보고 '동양을 대표하는 세계적인 무용가'라고 극찬했고 최승희가 공연 때 썼던 초립동 모자가 유행했다. 최승희는 페루와 멕시코까지 가서 공연을 하면서 세계 곳곳에 우리 조선과 조선 춤을 알리는 데 힘썼다. 최승희가 유명해지자 벨기에에서는 최승희에게 제2회 국제무용 콩쿠르 심사위원 일을 맡기기도 했다.

세계적인 무용가가 된 최승희는 일본 가부키 극장에서도 공연을 했다. 일본의 눈치를 보지 않고 대부분 조선 무용으로 연출을 했고, 반주도 조선에서 같이 간 악사들에게 맡겼다. 최승희는 일본 총독부에게 일본군 위문 공연을 강요받기도 했는데 무용을 계속하기 위해서는 어쩔 수 없이 위문 공연을 허락해야만 했다. 우리 조선이 일본의 간섭을 받고 있었기 때문에 거절하게 되면 영영 무용을 못하게 될 것이 뻔했기 때문이다.

해방이 되었을 때 온 나라가 잔치 분위기였지만 최승희는 그 잔치를 맘껏 즐기지 못했다. 일본군 위문 공연을 했던 것이 친일 행동으로 지적을 받아 무용 활동을 중단할 수밖에 없었다. 결국 최승희는 월북을 결심하고 남편과 함께 1947년 4월에 북으로 넘어갔다.

최승희는 북한에서 '최승희 무용 연구소'를 열어 본격적으로 조선 춤을 연구하면서 체계화하고 무용극 창작에 힘썼다. 1950년에는 소련 순회공연을 했으며, 중국 무용도 연구하여 〈조선의 어머니〉, 〈거친 파도를 헤쳐〉 등의 작품을 발표했다. 1955년에는 인민배우가 되었으며, 무용극 〈맑은 하늘 아래서〉를 발표했다. 1957년에는 최고인민회의 대의원에 당선되기도 했다. 그런데 1958년에는 남편이 숙청당하게 되어 최승희가 만든 '최승희 무용 연구소'가 '국립무용연구소'로 바뀌었다. 북한 당은 최승희의 남편을 숙청하고 나서 최승희의 무용도 주체 예술 사상에 맞지 않는다고 트집을 잡아 최승희를 무용계에서 쫓아냈다.

하지만 최승희는 틈틈이 글을 써서 1964년에 《조선아동무용기본》을 펴냈다. 그 뒤를 이어 1966년 《문학신문》에 〈조선 무용 동작과 기법의 우수성 및 민족적 특성〉을 발표하면서 무용에 대한 끈을 놓지 않았다. 이후에도 최승희는 새로운 창조 세계를 개척한 춤꾼으로 살다가 삶을 마감했다.

최승희의 흔적을 찾아서

유적지

● **최승희 생가 터**

지금 최승희의 생가는 사라지고 없다. 복원 작업 계획이 세워졌지만 여러 이유로 늦어지고 있다.
강원도 홍천군 남면 남노일로 569-6

● **더 가 볼 만한 곳**

옻나무재 우물 터. 최승희가 어린 시절 물 깃는 어머니를 따라 자주 드나들던 곳인데 그곳에 갈 때마다 최승희는 동네 아낙네들 앞에서 작은 물동이를 이고 춤을 뽐냈다고 한다. 무용가가 되어 만든 '물동이춤'은 어린 시절 어머니를 회상하며 만든 춤이라 전해지고 있다.

약력

1911년	강원도 홍천에서 태어남.
1926년	숙명여학교 졸업함.
1926년~29년	일본으로 건너가 현대 무용가 이시이 바쿠로부터 3년 동안 무용을 배움.
1929년	귀국 후 '최승희 무용 연구소'를 설립해 아홉 차례의 무용 발표회를 가짐.
1932년	카프의 문인 안막과 결혼한 후 다시 일본으로 건너감. 조선의 고전 무용을 각색한 <에헤라 노아라>를 공연함.
1937년~40년	미국, 유럽, 중남미 순회공연함.
1946년	남편 안막을 따라 월북해 북한에서 '최승희 무용 연구소'를 설립하고 후진 양성함.
1967년	남편 안막과 함께 숙청됨.

창의력 활동

한국 최초의 현대 무용가 최승희의 이야기를 기사로 만들어 볼까요? 먼저 기사의 주제를 정하고 기사문을 작성해 보아요.

<기사문 쓰는 방법>
기사문은 보고 들은 사실을 전달하는 글입니다. 기사문은 보고 들은 사실을 객관적으로 신속하게 전달해야 하기 때문에 내용이 간결하고 표현이 정확해야 합니다. 기사문은 표제, 부제, 전문, 본문, 해설로 구성됩니다. 표제는 기사 내용 전체를 간결하게 나타내는 제목이고, 부제는 표제를 보충 설명하는 작은 제목을 말합니다. 전문은 기사의 구체적인 내용을 서술하는 본문에 앞서 내용을 육하원칙에 따라 요약한 것입니다. 본문은 기사의 내용을 구체적으로 설명하는 것입니다. 해설은 본문 뒤에 기사에 대한 참고 사항이나 설명을 덧붙인 것을 말합니다. 기사문은 기본적으로 누가, 언제, 어디서, 무엇을, 어떻게, 왜 했느냐 하는 것을 밝혀야 합니다.

노래하는 의병대장

윤희순

[강원도]

노래하는 의병대원들

윤희순이 큰 소리로 의병 노래를 불렀다.

아무리 왜놈들이 포악하고 강성한들
우리도 뭉쳐지면 왜놈 잡기 쉬울세라
아무리 여자인들 나라 사랑 모를 소냐
남녀가 분별한들 나라 없이 소용 있나

의병 하러 나가 보세 의병대를 도와주세
금수에게 불잡힌들 왜놈 시정 받을 소냐
우리 의병 도와주세 우리나라 성공하면
우리나라 만세로다 안사람들 만만세라.

(《한국 YWCA》(2011, 통권 446호) 중에서)

"아이고! 저 외당 댁 며느리 말이여. 왜놈들이 들으면 죽을 소리만 하니 걱정이네그려."

"우리도 가만히 있어서는 안 되네. 저 왜놈들이 우리 조선의 국모까지 죽이지 않았는가."

당시 조선에서는 일본인이 조선의 국모인 명성 왕후를 시해하는 큰 사건이 벌어졌다. 그리고 일본인은 조선인에게 긴 머리를 짧게 자르고, 틀어 올린 상투도 자르도록 하는 단발령을 내렸다. 고종 황제는 그 억압에 못 이겨 먼저 머리를 깎아 본보기를 보였다. 윤희순의 시아버지인 외당 유홍석은 유학자인 유중악, 유중락 등과 함께 이소응을 의병 대장으로 모시고 춘천과 가평 일대에서 의병 작전을 펼쳤다. 일본의 단발령과 국모 살해에 대한 원수를 갚기 위해 유학파들은 의병을 이끌고 일본인들과 지방 관리들을 대상으로 의병 활동을 벌였다. 윤희순은 이렇게 어수선한 조선을 위해 할 수 있는 일이 뭐가 있을까 곰곰 생각했다.

윤희순은 여러 사람들에게 의병 노래를 가르쳐 함께 불러 의병들의 사기를 높여 주어야겠다고 생각했다.

"우리는 이럴 때일수록 기죽지 말고 함께 의병 노래를 부르며 의병들의 사기를 북돋아 주어야 합니다."

의병 노래는 입에서 입으로 전해져서 순식간에 퍼졌다.

"이제는 아이들까지도 저 노래를 따라 불러서 왜경들이 들을까 무서워!"

어떤 사람들은 걱정을 했다. 윤희순은 걱정하는 사람들도 설득해 노래를 가르쳐 함께 부르게 했다.

"의병 노래를 부르니 무서웠던 마음이 사라지고 힘이 나네요. 이제 뭐든지 할 수 있어요."

겁을 먹고 움츠려 있던 한 아낙네가 윤희순에게 의병 노래를 배워 부르고 나자 자신 있는 목소리로 말했다. 윤희순은 일본인이 기승을 부려도 기가 꺾이지 않고 노래를 전파했다.

"의병들이 마을로 들어오고 있어요."

의병들이 마을로 몰려왔을 때였다.

"집집마다 곡식을 조금씩 가져오세요. 밥을 지어야겠어요."

"그렇게 많은 밥을 뭐하려고 그러시오?"

"우리 의병들이 마을로 돌아왔으니 따뜻한 밥을 지어 먹여야지요."

윤희순은 앞장서서 몇몇 뜻이 맞는 부녀자들과 밥을 준비했다. 당시 양반댁으로 시집간 부녀자들은 대부분 안방에 다소곳이 있다가 왜적이 쳐들어오면 스스로 목숨을 끊고 열녀가 되었다. 윤희순은 같은 처지에 있는 조선 선

비의 아내였지만 남달랐다. 시아버지가 의병에 나갈 때도 따라나서려고 할 만큼 나라를 구하는 일에 적극적이고 용감했다.

안사람 의병단

"우리도 의병이 되어 나가 싸워야 마땅하나 사정이 그렇지 못하니 마을에 남아 있는 우리끼리 안사람 의병단을 만들어 나름대로 의병 활동을 합시다!"

"안사람 의병단요?"

"그래요. 남자들은 마을 밖으로 나가 일본과 맞서고 우리 여자들은 마을 안에서 마을을 지키는 것이지요. 그리고 밖에서 적과 싸우다 지친 의병들이 돌아오면 다시 힘을 내서 전투에 나갈 수 있도록 밥도 해서 먹이고 빨래도 해 주는 거예요."

"그것 좋은 생각이군요."

마을에 남은 여성들은 대부분 윤희순의 말에 찬성했다. 윤희순이 만든 춘천 안사람 의병단은 군자금도 모금하고, 곡식과 채소 등 먹을 것들도 틈틈이 모아 쌓아 놓았다. 그러다 의병들이 적과 싸우다가 마을로 들어오면 빨래도 해 주고 밥도 지어 주었다. 의병들이 다시 나갈 때는 군자금도 손에 쥐어 보냈다. 부녀자들 중에는 반대하는 사람들도 있었고 주저하는 사람들도 있었다. 윤희순은 그들을 설득해 더 많은 사람들이 참여할 수 있게 했다.

"나라를 지키는 일이 남자들만 하는 일이 아닙니다. 우리 여자들도 힘을 합쳐 나라의 권리를 찾는 데 힘을 써야 합니다."

윤희순의 자신감 있는 외침에 결국 동네 부녀자들은 모두 '안사람 의병단'에 가담하게 되었다.

"밖의 일이 어떻게 진전되고 있는지 내가 가서 알아봐야겠어요."

"그러다 큰일이라도 당하면 어쩌려고요?"

"남장을 하고 가야죠."

윤희순은 의병들이 한동안 마을로 돌아오지 않자 남장을 하고 직접 나가 보았다. 윤희순은 의병들이 힘없이 일본군과 싸우는 것을 지켜보고 마음이 아팠다. 막사를 둘러보니 군량이 거의 바닥이 나 있었고 일본에 비해 무기가 턱없이 부족해 보였다.

'이렇게 열악한 상황이라니!'

윤희순은 급하게 마을로 돌아왔다.

"군자금을 더 모아야겠어요. 우리 의병들이 너무 열악한 상황에서 싸우고 있어요."

윤희순은 마을로 돌아오자마자 군자금 모금 운동을 벌였다. 마을 사람들은 가지고 있던 돈을 가지고 나와 주었다. 논밭과 소를 팔아 군자금을 내놓는 선비들도 있었다. 윤희순도 가지고 있던 돈을 모두 내놓았다.

"무기가 부족하니 놋쇠와 구리를 구입해서 총과 탄환을 만들어야겠어요."

윤희순은 모아 놓은 군자금으로 놋쇠와 구리를 사 왔다.

"자, 이 놋쇠와 구리로 얼른 무기와 탄환을 만듭시다."

윤희순은 사 가지고 온 놋쇠와 구리를 내놓으며 말했다. 그리고 의병 노래를 부르며 탄환 만드는 일에도 참여했다.

나라 없이 살 수 없네 나라 살려 살아보세

인군 없이 살 수 없네 인군 살려 살아보세

조상 없이 살 수 없네 조상 살려 살아보세

살 수 없다 한탄 말고 나라 찾아 살아보세

전진하여 왜놈 잡자

만세 만세 왜놈잡기 의병만세.

《신한국문화신문》 2011년 5월 26일자 중에서)

"아이고 무서워라. 왜놈들이 들으면 어쩌려구."

함께 탄환을 만들던 사람이 큰 소리로 의병 노래를 부르는 윤희순을 걱정하며 말했다.

"하하하, 간이 작기는 왜 그렇게 작아요? 왜놈들이 이 노래를 들어야 우리

조선 사람들이 무서워서 도망갈 것 아닌가요? 자, 군복도 만들고 밥도 지어 보내야겠어요."

윤희순의 의병 활동이 활발해지자 왜경들에게도 윤희순이 알려지게 되었다. 결국 윤희순은 쫓기는 처지가 되고 말았다.

"일본 경찰들에게 내가 알려졌으니 나는 여기를 떠나 남자 의병들이 있는 곳으로 갈 것입니다. 마을을 잘 부탁합니다."

윤희순은 동네 아낙 의암댁, 최골댁 등 몇 명과 함께 남장을 하고 시아버지가 의병 활동을 벌이고 있는 곳으로 갔다. 여자들끼리 떠난 길인 데다가 쫓기는 처지가 되고 나니 마음이 불안했다. 윤희순 일행은 일본 경찰들이 윤희순의 행적을 묻고 다닌다는 소식을 접할 때마다 가슴이 조려 왔다.

"여기에서 잡히면 우리는 뜻을 이루지 못하고 죽게 될 걸세. 그러니 각별히 조심하자고."

마침내 윤희순과 의암댁, 최골댁은 의병 활동 기지에 무사히 도착해 마을의 소식을 전하고 그곳에서 벌이는 의병 활동에 가담했다.

독립운동에 앞장 선 가족 부대

1910년, 조선이 일본에게 나라를 빼앗기고 일본 경찰들이 기승을 부리자 의병들은 모두 집으로 돌아올 수밖에 없었다. 시아버지 유홍석은 뜻을 이루지 못한 것을 한탄하며 자결을 결심했다. 더군다나 자신이 집으로 돌아온 것이 일본 경찰들에게도 알려져 곧 죽음을 당할 게 뻔했기 때문이다.

"아버님, 여기서 끝낼 순 없습니다. 만주로 가서 독립운동에 가담하시는 게 어떨는지요?"

큰아들 유제원이 의견을 내놓았다.

"오냐, 그래. 네 말이 옳구나! 내일 당장 떠나도록 하자."

1911년, 윤희순의 가족은 압록강을 건너 만주로 갔다. 중국에 처음 발을 디딘 가족은 고난의 세월을 보내야 했다. 먹을 것도 제대로 먹지 못하고, 조밥과 수수로 하루에 겨우 한 끼 정도만 해결했다. 가족들이 모두 독립운동에 힘쓰고 있는 것을 본 마을 사람들은 윤희순의 가족을 '가족 부대'라고 불렀다. 윤희순을 비롯해서 시아버지, 남편, 아들, 손자까지 오직 나라를 되찾기 위해 몸을 아끼지 않았다.

윤희순은 춘천에서 마을에 남아 의병 운동에 동참하는 안사람 의병대의 의병장 역할을 맡다가 만주에 가서는 독립운동을 주도하게 되었다.

"독립을 위해서는 정신 교육도 중요해. 내가 가져온 돈으로 우선 학교를 세워야겠어."

윤희순은 1912년에 노학당을 세워 사람들에게 반일 정신을 교육했다.

"여러분! 반일 운동에 적극 참여하여 나라를 되찾읍시다."

윤희순은 여러 마을을 돌아다니며 반일 선전을 하면서 독립운동에 필요한 자금 모금 운동을 펼쳤다. 윤희순은 중국인들에게도 반일 운동의 필요성을 설명했다.

"여러분들도 일본의 피해자입니다. 짐승만도 못한 일본을 몰아내는 데 함께 힘을 합칩시다!"

일본은 중국도 자주 침입했다. 일본이 조선을 지배한 것은 조선의 땅을 통해 중국을 침략하기 위해서였다. 일본은 섬나라라서 대륙으로 통하는 길이 필요했다. 그래서 틈만 나면 중국과 조선을 침략하려고 호시탐탐 기회를 노렸다. 이러한 일본은 중국인과 조선인들에게 미움을 받을 수밖에 없었다. 윤희순은 중국인들의 마음을 잘 알고 있었기 때문에 중국인들을 설득하기가 쉬웠다.

"우리 조선 사람들은 목숨을 내놓을 터이니, 당신네 중국 사람들은 식량과 터전을 내놓으시오."

"알았소. 나도 우리 중국 사람들을 모아 보겠소. 당신이 지은 반일 애국 노래가 우리에게도 힘이 된다오."

윤희순이 조선에서 의병 운동을 할 때는 의병 노래를 지어 의병군들에게 힘과 용기를 주었다. 그러다 중국 땅에 와서는 본격적으로 독립운동을 하며 반일 애국 노래를 만들어 가르쳤다. 중국인들에게도 가르쳐 반일 운동의 필요성을 깨닫게 해 주었다.

중국과 손을 잡아야 해

윤희순이 노학당을 세운 지 1년 만인 1913년에 시아버지 유홍석이 세상을 떠났다. 1915년에는 뒤를 이어 남편인 유제원과 시숙부인 유인석이 저세상으로 떠났다. 조선에서 의병 운동을 주도했던 인물들이 모두 세상을 뜨게 된 셈이다.

"돌아가신 분들을 생각하면 애석하지만 우리 산 사람들이라도 힘을 합쳐 왜군들을 몰아내세."

윤희순은 더욱더 굳은 의지로 독립운동을 벌여 나갔다. 끊임없이 군자금을 모으고 왜 독립을 해야 하는지에 대해 연설하며 돌아다녔다.

"아이고, 저기 연설 잘하는 분, 우리 교장 선생님 아니야?"

"그러게 조선의 그 위대한 여교장님께서 오시네."

윤희순이 지나가면 중국인들과 조선인들은 반가워했다.

세 아들 돈상과 민상, 교상도 독립단에 들어가 독립운동에 가담했다. 그런데 1923년 즈음해서 조선인 중에는 일본인 권력자들에게 잘 보여 이익을 얻거나 권력을 쥐려는 친일파들이 늘어나 독립운동에 방해가 되었다.

이역만리 타국 땅에 남겨 둔 건 눈물이라
슬프고도 슬프도다 우리 의병 슬프도다
이내 몸도 슬프도다 이렇듯이 슬플쏘냐
울어 본들 소용없고 가슴속만 아파지네
엄동설한 찬바람에 잠을 잔들 잘 수 있나
동쪽 하늘 밝아지니 조석거리 걱정이라

이리하여 하루살이 살자 하니 맺힌 것이 왜놈이라
어리석은 백성들은 왜놈 앞에 종이 되어
저 죽을 줄 모르고서 왜놈 종이 되었구나
슬프도다 슬프도다 맺힌 한을 어이할꼬
자식 두고 죽을쏘냐 원수 두고 죽을쏘냐
내 한 목숨 죽는 것은 쉬울 수도 있건마는
만리타국 원한 혼이 될 수 없어 서럽구나
이내 신세 슬프고도 서럽구나
어느 때나 고향 가서 옛말하고 살아볼꼬
애달프고 애달프도다 슬프고도 슬프도다
이내 신세 슬프도다
방울방울 눈물이라 맺히나니 한이로다.

(《강원문화연구》 제24집 중에서)

 윤희순은 70세가 넘도록 독립운동을 했건만 고향에 돌아갈 수 있는 희망이 보이지 않자 너무나 슬펐다. 윤희순은 머리가 허연 할머니가 되었음에도 오로지 조국을 위해 연설하고 반일 애국 노래를 부르면서 틈틈이 그의 일생에 대해 기록했다. 제목은 '해주 윤씨 일생록'이라 지었다. 이 글은 단순히 윤희순의 일생을 담았을 뿐 아니라 파란만장한 우리 역사의 한 장면을 기록한 것이다.

윤희순은 《해주 윤씨 일생록》을 쓴 뒤 1935년 중국에서 세상을 떠났다. 그로부터 약 60년이 지난 1994년에 그의 유해는 한국으로 돌아와 춘천시 남면 관천리에 안장되었다.

윤희순의 흔적을 찾아서

유적지

↑ 춘천시립도서관에 있는 윤희순 상
강원도 춘천시 남면 우석로 100

● **춘천 윤희순 유적지**

현재 윤희순 유적지에는 윤희순 생가와 윤희순 노래비, 의적비, 우물 터가 남아 있다.

강원도 춘천시 남면 가정리 일대

● **더 가 볼 만한 곳**

노학당 옛터는 중국 환인현 읍내에서 75km 떨어진 팔리전자 취리두 남산 마을이라는 곳에 있다. 교장을 맡은 윤희순은 그곳에서 50여 명의 제자를 배출했으며 노학당이 있는 보락보진에서 30km 떨어진 팔리전자를 오가며 항일 운동과 함께 노학당 운영 자금을 모금했다. 지금은 노학당 건물은 사라지고 옥수수밭으로 변해 있는 노학당 자리에 노학당 비석만이 남아 있다.

약력

1860년	윤익상과 평해 황씨의 큰딸로 태어남.
1875년	춘천 의병장 외당 유홍석의 장남 유제원과 혼인함.
1895년	〈안사람 의병 노래〉를 지어 부녀자들의 의병 참여를 권유함.
1907년	여성 의병을 조직해 의병 뒷바라지를 함.
1911년	시아버지를 따라 중국 요녕성 신빈현 평정산진 난천자로 망명함.
1912년	환인현 보락보진 남괴마자에 노학당 설립함.
1915년	일제의 탄압으로 노학당 폐교함.
1934년	해성현 묘관둔으로 이주해 항일 독립 투쟁을 함.
1935년	《해주 윤씨 일생록》을 쓴 뒤 세상을 떠남.
1994년	유해 환국, 춘천시 남면 관천리에 안장됨.
1983년	대통령 표창 추서됨(1990년 12월 26일 건국훈장 애족장으로 승격).

창의력 활동

윤희순의 업적을 중심으로 생각 지도를 만들어 보아요. 그리는 방법은 다음을 참고해 보세요.

<생각 지도 그리는 방법>
1. 주제를 생각하고 그 주제를 나타내는 그림이나 상징 기호를 중앙에 작게 그린다.
2. 위에서 정한 주제와 관련된 것을 자유롭게 생각하여 상징 기호나 그림으로 나타내고 단어를 적는다. 여기서 단어를 쓸 때는 핵심 단어를 쓰도록 한다.
3. 생각 느낌의 상징 기호를 만들고 단어를 이용해서 생각을 뻗어 나간다.

문정옥

들풀로 아름다움을 짜는

[충청도]

타고난 눈썰미

살을 째고 피를 매어 오뉴월 짧은 밤을
왈캉달캉 베를 짜서 논을 살까 밭을 살까
베를 걸어 한필 짜면 닭이 울고 날이 샌다
피를 매어 짠 모신데 어찌 이리 곱고 희냐
베틀에서 허리 펴니 이 내 몸은 백발이라.
(〈베틀 노래〉의 가사 일부)

어머니가 〈베틀 노래〉를 부르며 모시를 짜고 있었다. 나는 어머니의 모시 짜는 모습이 무척 재밌어 보였다.

"엄니, 지도 모시를 짜고 싶은디 한번 짜 보면 안 되나유?"

"너는 모시를 배우지 말거라."

"그 말은 열두 번도 더 듣는 것 같구먼유."

어머니는 모시를 아주 잘 짰다. 내가 자란 충청남도 서천군 화양면 완포리 교율 마을에서는 모시풀이 아주 풍성하게 자랐다. 우리 마을 환경이 모시풀이 자라기에 적합하기 때문이라고 어려서부터 어르신들께 들어왔다. 모시는 여름철에 기온이 평균 20℃에서 24℃ 정도 되고, 습기가 많은 곳에서 잘 자란다고 한다.

당시에는 남녀 차별이 심해서 여자들에게는 공부를 가르치지 않고 집안일과 모시 짜는 일을 가르쳤다. 나도 아버지의 반대로 공부를 많이 하지 못했다.

"여자아이들은 가르치면 못쓴다."

남동생들은 모두 학교에 다녔는데 나는 집에서 일을 도왔다. 학교에 다니는 동생들을 보면 부러웠다. 여자들은 대부분 학교에 다니지 않고 모시를 짜거나 집안일을 했는데 나는 모시를 짜기로 결심했다. 어머니 옆에서 지켜보니 모시 짜는 일이 무척 재밌어 보였기 때문이다.

"엄니, 제발 지도 모시 좀 가르쳐 주세유."

"이 힘든 모시를 뭣 하러 배우려고 그랴?"

"엄니 하는 것 보니께 재밌어 보여서 그래유."

"그냥 곱게 살림이나 배우다가 시집이나 가거라. 모시를 배우면 시집을 가서도 죽을 때까지 힘들게 해야 혀."

"지는 시집가서도 모시를 짜고 싶은디유?"

어머니가 아무리 말려도 어머니 말은 귓속으로 들어오지 않았다. 나는 어머니와 생각이 달랐다. 모시를 짜는 일이 고생을 하는 것이 아니라 귀중한 보물을 만드는 것처럼 보였다. 들판의 하찮아 보이는 야생풀이 아름다운 옷감으로 만들어지는 것이 신기했다. 옷감이 만들어져 빨랫줄에 걸린 순간은 가슴이 설레었다. 하늘거리는 옷감이 천사 옷 같아 보였다. 어머니의 모시 짜는 모습은 일하는 것이 아니라 작품을 만드는 것이었다. 어머니는 끝까지 모시를 가르쳐 주지 않았다. 하지만 어머니가 모시를 짤 때 옆에서 놀다 보니 어깨 너머로 저절로 배우게 되었다.

"이거 만지지 말어. 엄니 밥 좀 얹혀 놓고 올 테니께."

"야."

나는 어머니를 안심시키려고 크게 대답하고는 어머니가 나가고 난 뒤에 베틀에 올라 어머니가 짜던 부분을 이어서 짜 보았다. 한 올 한 올 옷감을 짤 때마다 짜릿했다.

'와! 정말 재밌다. 히히'

나는 신이 나서 계속 짰다. 어머니의 인기척이 나서 얼른 베틀에서 내려와 공기놀이를 하는 척했다. 어머니는 베틀 앞에 앉으시더니 고개를 갸웃거리며 말했다.

"내가 분명 여기까지밖에 안 짠 것 같은디? 이상하네."

'내가 짰는디, 표시가 안 나는가 보네? 히히.'

나는 시치미를 뚝 떼고 앉아서 공기놀이만 했다. 어머니는 내가 짰던 것을 이어서 짜 나갔다.

모시 짜기는 이렇게

"어휴! 예뻐라, 이 수를 정옥이 니가 놓은 거여?"

"야."

"애 골무 만드는 것 좀 봐유. 어른보다 솜씨가 좋은 것 같아유."

우리 집에 놀러 온 동네 아주머니들이 내가 놓은 수와 만들고 있는 골무를 보고 한마디씩 칭찬을 했다.

"애는 원래 이런 일에 재능이 있는 것 같구먼유."

어머니가 자랑스럽게 말했다. 나를 인정하고 있는 것 같았다.

"그럼, 모시도 금방 배우겠구먼."

"모시는 안 가르칠라고유."

"안 가르치긴 왜 안 가르쳐? 재능이 아깝구먼?"

어머니는 나를 힐끔 쳐다보고 생각을 바꾼 듯했다. 어머니는 그 뒤로 내가 모시를 배우는 것에 대해서 긍정적으로 생각하는 것 같았다.

모시 짜는 것을 본격적으로 배우려고 하니 모시풀로 옷감을 만드는 과정

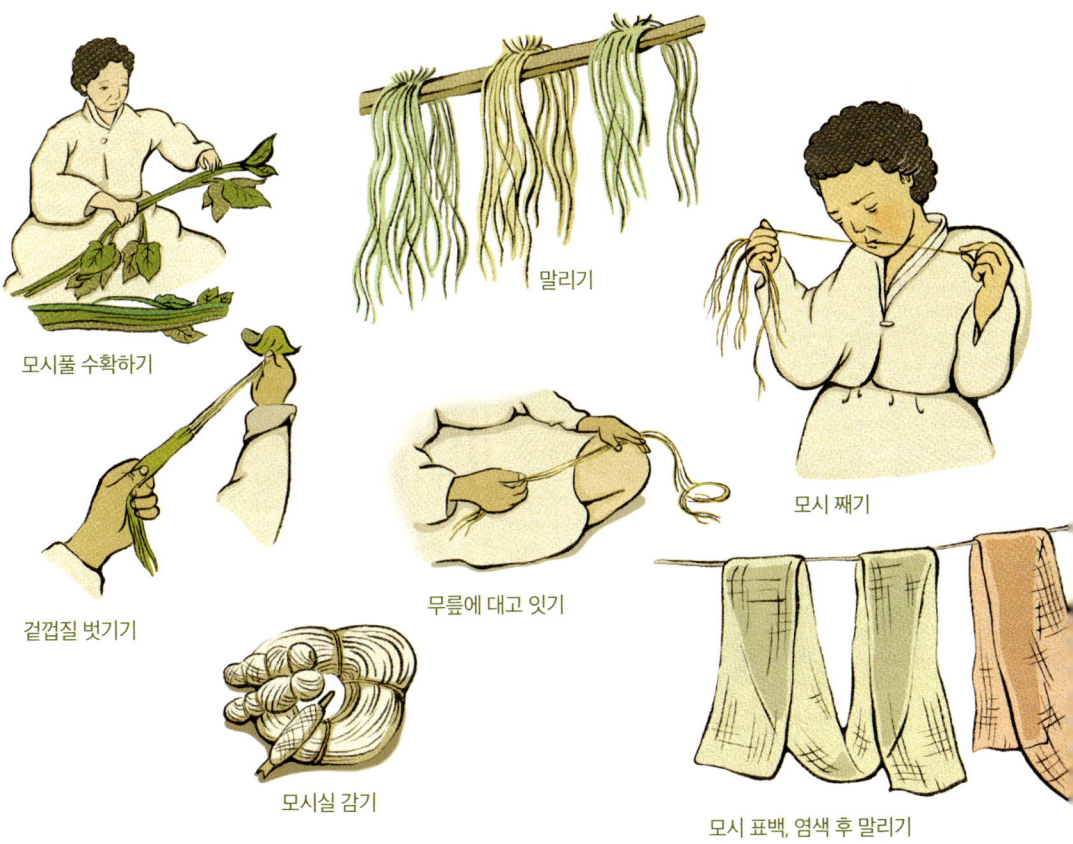

이 몹시 복잡해 보였다. 모시를 짜려면 먼저 들에 나가 모시풀을 베어 와야 한다. 모시풀은 아무 때나 베는 것이 아니라 베는 때가 따로 있다. 뿌리 쪽 줄기가 황갈색으로 변하고 키가 2m쯤 되었을 때 베어야 한다. 어머니가 모시풀을 베러 갈 때마다 따라가서 보아 왔기 때문에 이제 나도 모시풀을 벨 수 있을 것 같았다.

　모시풀을 베어 온 다음엔 가장 먼저 모시의 겉껍질을 훑어 낸다. 그러고 나서 하얀 속살이 나오면 하얀 속살을 얇게 벗겨 먼저 물에 네 번 정도 적셔 햇빛에 말려 불순물을 제거해 태모시를 만든다.

그다음엔 만들어 놓은 태모시를 물에 담가 뒀다가 한 올씩 치아로 모시 째기를 한다. 모시를 짤 때는 굵기를 일정하게 해야 한다. 여기까지의 과정에서 모시의 품질이 좋고 나쁨이 판가름 나기 때문에 모시 째기가 아주 중요하다. 모시 째기가 끝나면 모시 올을 입술로 이어 붙인다. 이 작업을 모시 삼기라고 하는데 먼저 모시 째기에서 만들어진 실같이 생긴 모시풀 섬유를 한 뭉치씩 전지에 걸어 놓는다. 그런 다음 한 가닥씩 빼어 두 끝을 무릎 위에 놓고 침을 발라 가며 손바닥으로 비벼 연결한다. 이 작업을 처음 할 때에는 입술과 무릎에 상처가 많이 나서 통증이 심할 때가 많다. 모시 삼기가 끝나면 모시 한 폭에 몇 올이 들어가는지를 정하는 모시 날기를 한다. 모시 날기가 끝나면 날실에 풀을 먹이고 불을 피워 천천히 말린 다음 날실 다발을 만든다.

그런 다음 날실을 베틀로 옮겨 모시 옷감을 짜면 된다. 모시를 짤 때는 습도 조절이 중요하다는 걸 명심해야 한다. 마르면 실이 끊어지거나 바스러질 수도 있기 때문이다.

어머니는 내가 모시 짜는 것에 대해서 계속해서 관심을 보이자 열여섯 살 때부터는 본격적으로 모시 짜기를 가르쳐 주었다. 그때 처음으로 모시 한 필을 혼자서 짜게 되었다.

모시 잘 짜는 사람이 인기 짱!

1948년, 스물한 살이 되던 해에 나는 옆 마을 한산면에 사는 김씨 집안의 사람과 결혼했다. 결혼할 무렵 시댁이 있는 한산면에서는 모시 짜기가 한창이었다. 한산에도 우리 화양면과 같이 들판에 모시풀이 아주 많았다. 한산 모시풀은 신라 시대 때 처음 발견되었다. 한산에 있는 건지산에서 약초를 캐던 한 노인이 발견해 그때부터 모시풀을 옷감과 한약 재료, 모시 떡 등의 재료로 쓰기 시작했다고 한다.

"나, 모시를 짜고 싶은디 틀 좀 하나 만들어 주세유."

한산이 모시풀로 유명했지만 시댁은 모시 작업을 하지 않아서 모시 베틀이 없었다. 나는 모시를 짜고 싶어서 남편에게 부탁했다. 남편은 이틀에 걸쳐 틀을 만들어 나에게 선물로 주었다. 나는 틀을 보는 순간 가슴이 벅차올랐다. 모시풀에서 새하얀 모시 옷감이 만들어지는 것을 떠올리니 빨리 모시를 짜고 싶었다. 남편은 삼칼, 삼톱과 모시 칼, 모시 빗 등의 도구들도 만들어 내 앞에 내놓았다.

"고마워유."

"고맙긴. 당신이 친정에서 모시를 아주 잘 짰다고 들었구먼. 모시 짜는 일이 힘들다고 해서 권하지 않으려고 했는디 당신이 그렇게 원하니 한번 해 보슈."

남편은 내가 모시 짜는 일을 적극적으로 도와주었다. 한산으로 시집을 오는 며느리들은 모시를 짤 줄 알아야 인기가 있었다. 나는 인기를 끌 자신이 있었다.

"우리 지금 당장 모시풀 베러 가유."

나는 팔을 걷어 부치고 남편 손을 끌고 모시풀을 베러 나섰다. 모시풀 베는 일은 남편이 많이 도와주었다. 남편과 함께 모시풀을 한 아름 베어 와서 마당에 풀어놓으니 뿌듯했다. 얼마 후에 고운 옷감으로 탄생할 것을 생각하니 마음이 설레었다. 마당에 앉아서 먼저 삼칼로 모시 잎을 정리했다. 모시 잎을 정리하고 나서 모시 칼로 바꿔 들고 껍질을 벗겨 손질했다. 그러고 난 다음 태모시를 만들어 실을 뽑아 모시를 짜기 시작했다. 모시 옷감이 점점 형태를 드러내고 곧바로 모시 한 필이 완성되었다. 다 완성된 옷감을 보고 남편이 감동했다.

"역시 당신, 소문대로 모시를 아주 잘 짜는구먼! 우리 집안에 복덩이가 굴러들어 왔어."

"참, 서방님두. 별말씀을 다 하시네유. 그냥 제가 좋아서 하는 거예유."

"모시에 재능이 있는 당신이 와서 아주 든든하구려. 여기 한산은 모시를 짤 줄 알면 가계에 큰 보탬이 되거든."

남편이 내 손을 잡고 말했다.

모시풀을 베러 나갔다가 이웃집 아낙네들도 만나 사귀게 되었다. 사귄 아낙네들과 한집 마당에 모여 함께 모시를 짜기도 했다. 우리는 서로 짠 모시들을 비교해 보기도 했다.

"어휴 예뻐라! 문씨는 어쩌면 이렇게 모시를 잘 짠대유? 우리 며느리는 짤 줄 모르는데."

이웃집 부여댁 아주머니가 내가 짠 모시를 보고 부러워하며 말했다. 이웃집 새댁은 나와 같은 달에 시집을 왔는데 고향이 충남 공주라서 모시 짜기를 배울 기회가 없었다. 모시풀이 잘 자라는 지역에서라야 모시 짜기를 했기 때문이다.

"나도 그, 모시 짜는 걸 가르쳐 주세요. 어머님이 문씨가 모시 짜기를 잘한다고 입에 침이 마르도록 칭찬을 하시네요. 제 고향에서는 모시를 하지 않아서 배우지 못했어요."

공주댁이 말했다.

"당연해유. 모시풀은 서천이나 한산 지방에 주로 자라는 풀이니까유. 걱정 마세유. 금방 배울 수 있어유. 지도 우리 엄니 어깨너머로 배웠구먼유."

"이 지역에서는 모시를 못하면 사람대접을 못 받고 살아요. 그러니 공주댁도 배워 두는 게 좋을 게요. 이봐요 문씨, 나도 좀 잘 짜는 방법을 가르쳐 주쇼."

꼭대기 집에 사는 임천댁이 말했다. 순식간에 내가 모시 짜기 명인이 된 것만 같았다. 내가 짠 모시가 그들이 짠 모시보다 좀 고와 보였을 뿐인데 모두 칭찬을 하니 몸 둘 바를 몰랐다.

어느새 모시는 나의 동반자가 되었다. 아침에 일어나면 즐겁게 모시 일을 시작하는 것이 일상이 되어 갔다. 날이 갈수록 마을 아낙네들에게도 인기가 많아져 갔다. 나에게 모시 옷감을 짜는 일은 보통 옷감을 짜는 일이 아니라 아름다운 예술 작품을 탄생시키는 것이었다.

모시 짜기를 물려줄 사람이 필요해

6 · 25 전쟁이 일어나자 나는 모시 짜기를 잠시 못하게 되었다. 전쟁이 끝나고 모시 짜기 일을 다시 시작하려 했지만 전쟁이 끝난 지 얼마 안 되어서 상황이 그리 좋지 않았다. 그 뒤로 산업 발전을 위해 서양 문물을 받아들이면서 섬유 공장이 생겨나기 시작하자 모시 짜는 일을 하려는 사람이 줄어만 갔다. 대부분 어렵게 모시 짜는 일을 하려 하지 않고 섬유 공장으로 들어가 일을 했다. 모시 짜는 사람들이 줄어드는 것을 보니 나는 너무도 안타까웠다. 그래도 나는 흔들리지 않고 열심히 모시를 짜는 일에 전념했다. 모시 짜는 일은 아기를 잉태하는 것처럼 신비로운 매력이 있어 그만둘 수가 없었다.

그렇게 모시의 매력에 끌려 일을 하다 보니 우리 한산 모시의 위대함이 널리 알려지고 인정을 받아 1967년에는 나라가 지정하는 중요 무형 문화재 14호가 되었다. 그 덕에 나는 모시 짜기 첫 기능 보유자가 되었다. 나는 그저 좋아서 꾸준히 모시를 짜 왔을 뿐인데 무형 문화재로 지정되기까지 하니 큰 행운을 얻었다고 생각했다.

시간이 지나면서 나는 눈도 침침하고 치아도 약해지고 무릎도 아파 왔다. 몸이 아프니 일하는 데에 여러 가지 어려움이 생겨서 고민이 되었다. 모시 짜기를 이어 갈 사람이 필요했다.

때마침 내가 모시를 짜고 있을 때 가끔씩 우리 집을 기웃거리는 새댁이 있었다. 하루는 그 새댁이 우리 집으로 아예 들어와서 모시 짜는 일에 적극적으로 관심을 보였다.

"새댁도 모시 짜기 할 수 있는가?"

"네, 여섯 살 때부터 어머니가 하는 걸 보고 배웠어유."

"고향이 어디인가?"

"옆 마을 기산면이에유."

"그럼 곧잘 하겠구먼."

"네, 조금 할 줄 알아유."

나는 새댁과 이야기를 나누고 나니 마음이 가벼워졌다. 새댁이 내 뒤를 이을 사람이라는 예감이 들었기 때문이다. 새댁은 그 뒤로 우리 집을 자주 오가며 내 일을 도와주었다.

"큰일이여. 모시 짜는 사람이 점점 줄어들고 있으니……. 이 좋은 기술은 어떡한댜?"

"앞으로는 사람이 손으로 짜는 기술은 필요 없어질 거예유. 기계로 쉽게 옷감을 짤 수 있는데 누가 힘들게 옷감을 짜려고 하겠어유?"

"그래도 이 모시 짜는 일은 우리 한산의 전통이니 이어 가야 하지 않겠나? 자네 이름이 뭔가?"

"방연옥입니다."

"내가 자네한테 모시 짜는 기술을 물려줄 테니 같이해 보겠나?"

"저는 아직 아이들도 어리고 남편 생각도 들어 봐야 하니 조금 말미를 주시면 곧 답해 드릴게유."

"아이들은 데리고 와서 배워도 되네. 곧 좋은 소식 가지고 오기를 빌며 기다리겠네."

이틀 뒤에 방연옥이 찾아와 전수를 받겠다고 했다. 나는 몹시 반가워서 방연옥의 손을 꼭 잡았다. 그때가 1980년이었다. 방연옥은 모시 짜는 일을 열심히 해서 1981년부터는 모시를 짜서 내다 팔 정도의 기술을 갖게 되었다.

방연옥은 어려서부터 모시 짜기를 배워 왔기 때문에 잘하는 편이었지만 풀 먹이는 '매기'와 '짜기'는 서툴렀다. 나는 매기와 짜기를 집중적으로 가르쳤다. 때로는 눈물이 쏙 빠지도록 혼을 내기도 했다.

"혼이 나야 정신을 차리는 법이여. 자, 한 번 더 매기를 해 보거라."

방연옥은 정성을 다해 실에 풀을 먹였다. 나는 방연옥의 실력이 점점 느는 것을 보니 기분이 좋았다.

어느 날, 나는 어지럽고 몸에 기운이 빠져서 병원에 갔더니 의사가 뇌졸중이라고 했다. 나는 몸이 마음대로 움직여지지 않아 마음이 급해졌다. 방연옥을 수시로 불러 설명을 하고 실습을 시켰다. 그렇게 열심히 한 덕분에 방연옥은 2000년에 내 뒤를 이어 두 번째로 한산 모시 중요 무형 문화재 기능 보유자가 되었다. 우리 한산 모시는 섬세하고 고와서 2011년 11월 28일 유네스코 인류 무형 유산에 등재되었다. 나는 이제 제자가 한산 모시 공예의 대를 이었으니 걱정 없이 눈을 감을 수 있을 것 같아 마음이 편했다.

문정옥의 흔적을 찾아서

유적지

● **한산 모시관**

한산 모시관은 1993년 한산 모시의 전통과 기술을 널리 알리고 보존하기 위해 문을 열었다. 모시관 안에는 전시관과 체험 학습장이 있어 한산 모시가 만들어지는 과정을 볼 수 있으며 실제로 모시 짜기를 체험할 수 있다. 그리고 무형 문화재로 지정되신 분의 모시 짜기 시연을 직접 볼 수 있는 민가도 구경할 수 있다.

충청남도 서천군 한산면 충절로 1089

약력

1928	서천군 화양면에서 태어남.
1967	중요 무형 문화재 제14호 한산 모시 짜기 기능 보유자로 인정받음.
1989~2003	중요 무형 문화재 보유자 작품전에 출품함.
2008	중요 무형 문화재 제14호 한산 모시 짜기 명예 보유자로 인정받음.
2016	9월에 세상을 떠남.

창의력 활동

우리의 한산 모시를 세계에 알리는 광고지를 만들어 보아요. 광고지에 우리 한산 모시의 맥을 이어 온 모시 짜기 기능 보유자 문정옥에 대해 소개하는 글도 실어 보아요. 어떻게 만들어야 할지 잘 떠오르지 않는다면 여러 광고지들을 살펴보고 나만의 독특한 광고지를 만들어 보아요. 어떤 광고지가 우리 한산 모시를 세계에 많이 알리게 될까요?

우리 역사를 품은 박병선

[충청도]

《의궤》를 찾아서 프랑스로

내가 역사에 관심을 갖게 된 것은 어려서부터다. 어렸을 때부터 책을 많이 읽다 보니 자연스럽게 역사를 좋아하게 되었다. 그래서 대학도 역사교육학과에 진학했다. 대학에 들어가서 역사에 대해 깊이 알게 되니 역사에 대해 더욱더 궁금증이 생겨났다. 공부를 하면 할수록 내가 몰랐던 새로운 것들을 발견하게 되어 공부가 참으로 재미있었다. 내가 프랑스로 유학을 떠나기로 마음먹게 된 것은 대학 교수님 덕분이었다. 교수님은 마지막 수업 날에 우리

에게 말씀하셨다.

"너희들에게 과제를 하나 주려고 한다. 외규장각에 보관되다가 프랑스군이 가져간 《의궤》를 꼭 찾아보거라."

"그들이 우리나라 것을 왜 가져갔어요?"

한 학생이 질문을 하자 교수님이 자세하게 설명해 주셨다.

"1897년에서 1910년까지 대한 제국 시기에 우리나라는 일본, 중국, 미국, 러시아, 프랑스와 외교 관계를 맺고 있었지. 그래서 외국에서 들어와 있는 외교관들이 많았어. 그때 우리나라에 들어와 있었던 프랑스 외교관 콜랭 드 플랑시가 동양 문화에 관심이 많아서 우리나라 책과 미술품들을 사들였다는군. 그런데 콜랭 드 플랑시가 임기를 마치고 나자 수집품들을 모두 프랑스로 가져간 거야. 우리 《의궤》도 그 수집품 중에 있을 거야. 너희들은 역사학도인 만큼 잃어버린 우리 조상들의 귀중한 유물을 꼭 찾아와야 한다."

나는 교수님의 말씀을 가슴에 새겼다. 가슴에서 뭔가 꿈틀거리는 것이 느껴졌다. 교수님은 《의궤》 외에도 우리가 찾아야 할 귀중한 유물과 문화재들이 많다고 하셨다.

'내가 꼭 찾아오고야 말겠어.'

나는 프랑스로 떠나기로 마음먹었다. 교수님이 말씀하신 《의궤》가 프랑스에 있다는 사실을 안 이상 가만히 있을 수가 없었다. 일단 가서 발품이라도 팔아서라도 찾겠다는 단단한 각오를 가지고 떠났다. 하지만 《의궤》를 찾겠다는 신념 하나만으로는 찾을 길이 막막했다. 나는 일단 《의궤》에 대해 알아야 한다고 생각했다. 먼저 공부를 하려고 대학원에 등록을 했다. 학교를 다니면서 옛날 책을 연구하기 위해서였다. 공부를 하다 보면 콜랭 드 플랑시가 가져왔다는 《의궤》를 찾을 길이 있을 것 같았다. 나는 날마다 도서관에서 살다시피 하며 열심히 공부했다. 하지만 몇 년 동안 《의궤》는 찾지 못한 채 공부와 싸우면서 박사 학위를 받게 되었다.

"우리 《의궤》를 찾는 일은 이제부터 시작이야."

내가 본격적으로 옛날 책을 연구하기 시작한 것은 프랑스 파리 7대학 대학원에서 역사학 박사 학위를 받고 난 뒤부터였다. 학위를 받고 나서는 먹고 살 돈을 벌어야 해서 파리 국립 도서관에 사서로 들어가 일을 했다. 내가 국립 도서관 쪽 일을 택한 것은 우리 옛날 책을 연구하고 우리나라에서 수집해 프랑스로 갖고 왔다는 《의궤》를 찾기 위해서이기도 했다. 《의궤》는 우리 조선 시대의 궁궐이나 나라 행사에 대해 세밀하게 그림으로 그리고 글로 기록한 귀중한 책이다. 조선 시대에는 나라 행사가 끝나면 회의나 행사 준비 과정, 그리고 행사 중에 의식을 행하는 장면, 행사를 진행하는 과정, 그리고 그 행사가 어떤 의미를 지니는지 꼼꼼하게 기록해 놓았다.

《직지》의 발견

'어떻게 찾지? 도서관은 물론이고 고서점도 찾아봐야겠어.'

본격적으로 《의궤》를 찾으려니 또 막막했다. 도서관에서 사서로 일하기 시작했지만 일을 배우느라 《의궤》를 찾을 시간 여유가 없었다. 《의궤》를 찾는 일은 도서관 일이 끝난 이후에 해야 했다. 나는 콜랭 드 플랑시가 살아 있다면 얼마나 좋을까 생각했다. 그의 후손들에게 우리 《의궤》의 행방을 물었더니 골동품 수집가에게 팔았다고 했다. 수소문 끝에 1911년에 열린 고서 경매장을 통해서 보석상이자 골동품 수집가인 앙리 베베르에게 《의궤》가 팔렸다는 정보를 얻게 되었다. 혹시 앙리 베베르가 옛날 서적을 파는 고서점에 팔아넘겨서 그곳에 있을지도 모른다는 생각에 고서점들을 돌아다니며 찾아보았다. 하지만 가는 고서점들마다 헛걸음하는 셈이 되고 말아 힘이 빠졌다.

'고서점에 없다면 그 골동품 수집가가 수집한 골동품들의 행방을 찾아야 하는데 방법이 없을까?'

나는 골동품 수집가들을 찾아다니며 앙리 베베르의 골동품들의 행방을 쫓기 시작했다. 그러다 한 골동품 수집가를 만났는데 그가 앙리 베베르를 잘 안다고 했다.

"선생님, 앙리 베베르라는 사람을 잘 알고 계십니까?"

"네, 아다마다요."

"정말요? 그럼 그 사람이 수집한 골동품들이 어디에 있는지 아십니까?"

"휴, 그건 잘 몰라요. 그 사람과 연락이 끊긴 지가 오래되었으니까."

골동품 수집가는 한숨을 내쉬며 말했다.

"아, 네. 정보를 주셔서 감사합니다."

"이봐요, 골동품 수집가들은 대부분 죽기 전에 귀중한 물건은 도서관이나 모교에 기증하기도 하니 참고하세요."

"아, 그렇군요. 참고하겠습니다. 감사합니다!"

나는 가슴이 벅차올랐다. 우선 파리에 있는 다른 도서관을 돌면서 샅샅이 찾아보았다. 다른 도서관에는 없는 것 같았다.

나는 이튿날 파리 국립 도서관에 출근해서 동료 사서에게 물었다.

"여기에 아주 오래된 동양 책이 있다던데 혹시 어느 자료실에 있는지 아세요?"

"동양 문헌실에 가서 한번 찾아보세요. 거기에 기증받은 아주 오래된 책들이 많아요."

나는 점심시간을 이용해서 《의궤》 찾는 작업을 하기로 했다. 점심 먹기에도 시간이 아까워 빵으로 간단히 끼니를 때우고 동양 문헌실로 갔다. 그러던 어느 날 《의궤》를 찾기 위해 책꽂이를 둘러보고 있는데 한자로 된 책 한 권을 발견했다. 누런 종이 위에 쓰인 글씨를 보고 내 눈을 의심했다.

'直指'

"아니 이 글자는 '직지'잖아?"

나는 한자로 쓰인 '直指(직지)'라는 글씨를 본 순간 가슴이 터질 것 같이 부풀어 오르는 것을 느꼈다. 《직지》는 1377년에 흥덕사라는 절에서 금속 활자인 주자로 찍어 낸 세계에서 가장 오래된 책이다. 세계 최초의 금속 활자로 찍어 낸 책이기도 하다. 원래 《직지》의 이름은 '백운화상초록불조직지심체요절'인데, 약칭으로 '직지심경' 또는 '직지심체요절'이라고도 부른다. 《직지》

는 1372년 고려 공민왕 21년에 백운 화상이라는 스님이 부처님과 큰스님들의 가르침과 대화, 편지 등에서 중요한 내용을 뽑아 해설한 책이다. 이 책은 백운 화상의 제자들이 1377년 고려 우왕 3년에 충청북도 청주의 흥덕사에서 인쇄했다.

나는 《직지》를 발견한 순간 정신을 차리고 책장을 넘겼다. 세로로 정교하게 찍힌 한자들을 읽어 보니 《직지》의 내용이라는 것을 알 수 있었다. 나는 《의궤》를 찾아다닌 지 13년 만에 《직지》라도 찾게 되어 다행이라 생각했다.

'그럼, 《의궤》도 도서관 어딘가에 있을지도 몰라.'

직지를 발견하고 나니 나는 《의궤》를 찾는 것에 대한 자신감이 생겼다.

'이건 하권이네? 그럼 상권이 또 있단 말인가? 그건 어디에 있지?'

내가 발견한 《직지》는 하권이었다. 주변 책꽂이를 살피며 상권을 찾아보았으나 상권은 없었다. 가슴을 진정시키고 의자에 앉아서 꼼꼼히 읽어 보았다. 아직 《의궤》는 찾지 못했지만 《직지》라도 찾았으니 일단 《직지》 연구에 매달려야겠다고 생각했다.

나는 책을 살펴보다가 책에 찍힌 '鑄造(주조)'라는 글자를 발견하고 깜짝 놀랐다. 이 책이 1455년판 《구텐베르크 성서》보다 78년 앞선 1377년에 만들어진 금속 활자본이라는 것을 확신하게 되었기 때문이다. 내가 이를 밝히려고 하자 프랑스 측에서는 《직지》의 가치를 인정하지 않고 오히려 나에게 입을 다물라고 했다. 나는 우리나라의 중요한 문화유산을 무시하는 프랑스의 태도에 자존심이 상했다. 아무에게도 말하지 않고 《직지》의 가치를 밝혀내기 위한 고증 작업을 시작했다. 목판과 금속 활자의 차이를 실제로 증명하기 위해 프랑스 내 대장간을 돌고 활자 실험을 하여 《직지》가 금속 활자로 인쇄되었다는 사실을 국제 학계에 알렸다. 연구 결과를 인정받아 1972년 파리에서 열린 '책의 역사 종합전람회'에 《직지》를 출품하게 되었다. 전람회 때에 《직지》가 요하네스 구텐베르크의 성경책보다 78년이 앞선 세계 최고의 금속 활자본이라는 것을 전 세계에 알렸다. 이러한 노력과 연구 끝에 내가 찾은 《직지》는 2001년 유네스코 세계기록유산에 등재되었다.

프랑스로 귀화할 수밖에 없었던 이유

《직지》를 찾아 연구하고 공부를 계속하다 보니 대학 시절 교수님이 찾으라시던 《의궤》를 반드시 찾을 수 있을 것 같았다.

'《직지》를 찾았으니 《의궤》도 꼭 찾고야 말겠어.'

나는 내가 《의궤》를 찾고 있다고 프랑스인들에게 말하지 않았다. 프랑스인들이 싫어할 것이라는 생각이 들었기 때문이다. 자기 나라에 보관하고 있는 귀중한 문화재를 문화재 주인인 나라의 사람이 찾는 것이 불쾌한 일일 수 있었다. 더구나 문화재 주인인 나라에서 문화재를 돌려 달라고 요구하면 돌려주어야 할 상황이 벌어질지도 몰랐다. 나는 아무에게도 말하지 않고 속으로 부푼 꿈을 품고 《의궤》 찾기 작업을 이어 갔다. 한창 《의궤》 찾는 일에 푹 빠져 있을 때 한국으로 돌아가라는 명령이 떨어졌다. 그 말을 듣고 가슴이 철렁 내려앉았다.

'이제야 일에 탄력이 붙었는데!'

한국으로 돌아가라는 말에 하늘이 무너지는 느낌이었다. 중앙정보부에서 파견 나온 직원이 나를 찾아왔다.

"한국인 프랑스 체류자들은 모두 한국으로 돌아가셔야 합니다. 유럽에서 불미스런 일이 벌어졌어요."

"저는 공부해야 할 것이 더 있는데요? 그리고 아직 찾아야 할 중요한 책도 있답니다. 그걸 찾기 전에는 못 돌아갑니다."

"안 돼요. 일단 모두 한국으로 돌려보내라는 나라의 명입니다."

프랑스에 파견된 중앙정보부 직원이 단호하게 말했다. 그는 우리 한국인들을 설득시켜 돌려보내는 작업을 하고 있었다. 그때가 1967년이었는데 나는 신문에 크게 난 기사를 보고 이유를 알게 되었다. 신문에 '동백림 거점으로 한 북괴 공작단 검거'라는 제목의 머리기사가 실려 있었다. 사람들은 이 사건을 '동백림 사건'이라고도 불렀다. 신문 기사에 의하면 독일 교포 음악가인 윤이상 씨를 포함해 우리 유학생들과 교수, 그리고 예술인과 의사, 공무원 등 194명 정도가 동베를린에 있는 북한 대사관과 평양을 왕래하면서 북한을 도와주는 활동을 했다는 것이다. 일부는 북으로 넘어가기도 하고 또 일부는 조선노동당에 입당해 국내에 잠입해서 간첩 활동을 하고 있다고 발표되었다. 신문에 이 기사가 떠돌고 나서 프랑스에 파견된 중앙정보부 요원들이 독일과 프랑스에 체류하고 있는 우리 교포들에게 한국으로 돌아가라고 했다.

하지만 나는 아직 우리 《의궤》를 찾는 일과 고서를 연구하는 일을 포기할 수가 없었다.

'이를 어쩐담? 한국으로 돌아가지 않는 방법이 없을까?'

나는 며칠 밤을 세워 가며 돌아가지 않을 방법을 생각해 보았다.

'이런 방법이 있었네? 프랑스로 잠시 귀화를 하는 거야. 돌아가지 않고 계속 《의궤》를 찾기 위해서는 프랑스 국적을 얻는 수밖에 없어. 《의궤》를 찾은 뒤에 다시 고국 국적을 찾는 거야.'

고국으로 돌아가더라도 우리 《의궤》를 다 찾은 다음에 돌아가고 싶었다. 내가 이루고자 하는 작업을 마치면 돌아가서 우리나라를 위해 일하고 싶었다. 우리 귀중한 보물을 타국에 두고 갈 수는 없었다. 프랑스로 귀화를 해서라도 우리 것의 위대함을 증명해 내는 데 힘쓰자고 마음먹었다. 프랑스로 귀화를 하고 나니까 한국에 있는 사람들은 내 마음도 몰라주고 나를 오해하며 비난했다. 나는 오해는 나중에 다 풀 수 있으리라 생각하고 그냥 내 뜻대로 했다.

드디어 《의궤》를 찾다!

나는 파리 국립 도서관에서 근무하면서 《의궤》 찾는 일에 매진했다. 프랑스에서 가장 큰 파리 국립 도서관에서 근무하게 된 것이 행운이라 생각했다. 일부러 파리 국립 도서관을 지원했지만 말이다.

'분명 《의궤》가 파리 국립 도서관에 있었다고 했는데? 이상하다. 내가 그냥 지나쳤나?'

20년간 헤매며 찾았던 《의궤》가 파리 국립 도서관 동양 문헌실에도 없었다. 그냥 지나쳤나 싶어 몇 번이고 다시 찾아보았지만 아무리 찾아봐도 보이지 않았다.

"동양 고서 자료를 찾으려면 동양 문헌실 말고 또 어디에 가야 있어?"

나는 다른 동료에게 또 물었다.

"글쎄? 대부분 그곳에 모두 보관하고 있는데? 잘 찾아봐."

"두 번씩이나 찾아봤는데 없어."

"그럼, 나도 몰라."

혹시 다른 문헌실에 보관하고 있을지도 몰라서 문헌실마다 모두 찾아보았지만 한자로 써 있는 책은 없었다.

"병선! 혹시 폐지 창고에 가 봤어?"

동료 직원이 뭔가 생각난 듯이 말했다.

"폐지 창고? 거기는 안 가 봤는데? 거기에는 있을 리가 없잖아. 폐지 창고인데?"

"우리에게 중요하지 않은 자료는 그곳에 보관하는 수도 있거든."

"설마 그 귀한 책이 폐지 창고에 있겠어? 아무튼 고마워."

나는 망설이다가 폐지 창고로 가 보았다. 모든 문헌실에 없었으니 그곳이라도 찾아봐야 할 것 같았다. 폐지 창고에 들어찬 책들은 어마어마했다. 찾을 때까지 매일 밤이라도 세울 작정을 하고 꼼꼼히 훑어보았다. 며칠 뒤 내 눈에 한자로 된 책이 띄었다. 얼른 빼서 책장을 넘겨보았다. 그림과 함께 설명이 적혀 있었다. 설명을 보니 넘겨보고 있는 장면의 의례에 사용한 물품에 대해서 상세하게 이야기하고 있고, 그림도 함께 있었다. 《의궤》였다. 나는 잠시 어지럼증을 느꼈다.

'이렇게 귀한 자료가 폐지 창고에 버려져 있다니 말도 안 돼.'

나는 《의궤》를 가슴에 품고 눈을 감았다. 눈물이 흘러내렸다. 20년 동안 찾아 헤매던 《의궤》가 내 눈앞에 있는 것이 믿겨지지가 않았고 한편으로는 버려지다시피 방치되어 있어서 마음이 몹시 아팠다. 빨리 이 사실을 한국에 알려서 고국으로 가져가야 한다고 생각했다. 서둘러 한국에서 함께 공부했던 사람들에게 《의궤》 소식을 알렸다. 며칠 뒤 신문과 뉴스 등 언론 기관에서 우리 《의궤》의 소식을 보도하기 시작했다. 뉴스에서는 《의궤》의 우수성도 함께 다뤘다. 하지만 한국에서는 잔치 분위기가 만들어졌지만 프랑스에서는 좋아하지 않았다.

"당신 한국 스파이 맞죠?"

"저는 스파이가 아니라 역사학자입니다."

"거짓말 하지 말아요. 당신은 이제 우리 도서관에서 해고예요."

프랑스 측은 《의궤》의 존재를 한국에 알렸다는 이유로 나 보고 파리 국립 도서관에서 나가라고 했다. 처음에는 도서관에 다니지 못하게 되어 막막했지만 오히려 잘됐다고 생각했다. 돈은 있으면 있는 대로 없으면 없는 대로 쓰면 되니까 걱정되지 않았다. 오히려 시간이 많아서 우리 고서를 연구하는 데 시간을 많이 쓸 수 있어서 좋았다. 자료를 찾던 중 대한민국 임시 정부 파리위원부가 있던 청사를 찾아내기도 했다. 파리 근교에서 살면서 한국 관련 각종 고서 연구와 프랑스에서 본 한국의 3·1 운동을 비롯한 여러 독립운동에 관한 독립운동사를 정리하기도 했다. 《한국의 인쇄사》를 써서 프랑스어와 스페인어, 영어, 한국어로 만들기도 했고, 《한국의 무속사》, 《한국의 역사》 등을 프랑스어로 펴내어 우리 역사와 문화를 널리 알리는 데 앞장섰다.

나는 2009년 9월에 병인양요에 대한 한국 사료를 찾으러 오랜만에 한국에 들어왔다. 한국에 있는 동안 심한 복통을 일으켜 병원을 찾았는데 의사가 직장암 4기라고 했다. 나는 할 수 없이 12월 7일에 한국에서 수술을 하고 프랑스로 다시 돌아가 병인양요에 대한 정리 작업을 했다. 누가 뭐라 해도 죽기 전에 해야 할 일을 끝내고 싶었다. 가족과 의사들은 말렸지만 멈출 수가 없었다. 여기까지 일을 마무리하고 나니 힘이 빠져서 더 이상 아무것도 할 수가 없었다.

박병선의 흔적을 찾아서

유적지

● **청주 고인쇄 박물관**

인쇄술의 발달사를 관람할 수 있는 인쇄 관계 전문 박물관으로 인류 문화사상 최초로 금속활자를 발명한 우리 민족의 우수성을 세계만방에 자랑하는 장소이기도 하다. 1992년 3월 17일에 통일신라 시대의 절인 흥덕사 절터에 개관했다. 흥덕사 절터는 대한민국의 사적 제315호다. 세계에서 가장 오래된 금속 활자본인 《백운화상초록불조직지심체요절(白雲和尙抄錄佛祖直指心體要節, 일명 직지)》을 인쇄한 곳이기도 하다. 박병선이 프랑스에서 찾아온 세계 기록 유산인 금속 활자본 《직지》가 고인쇄 박물관에 전시되어 있어 박병선은 본래 서울 사람이지만 청주의 여성 인물에 들어가 있다. 충청북도 청주시 흥덕구 직지대로 713

약력

1928년 서울에서 태어남.
1950년 서울대학교 역사교육학과 졸업함.
1955년 여성 최초로 프랑스 유학 떠남.
　　　　파리 제 7대학교 역사학 박사 학위 취득함.
1967년 프랑스로 귀하함.
1972년 파리 국립 도서관에서 《직지》 발견함.
1975년 병인양요 때 프랑스가 약탈해 간 외규장각 도서를 발견해
　　　　대한민국 내 외규장각 도서 반환 운동을 벌임.
1979년 국민 훈장 모란장 받음.
2011년 11월에 세상을 떠남.

창의력 활동

청주 고인쇄 박물관에 다녀와서 역사학자 박병선과 관련 있는 것을 바탕으로 10가지 퀴즈 문제를 만들어 보아요. 10가지 문제를 만들기 어려운 사람은 2가지부터 시작해 봅니다. (체험 학습을 다녀오지 못한 사람은 이야기만 읽고 문제를 만들어 보세요.)

남자현

약지에 희망을 담은 독립운동가

[경상도]

독립운동의 씨앗

내가 어려서부터 독립운동에 관심이 있었던 것은 아니었다. 마음속에 독립운동의 씨앗을 심어 준 사람은 남편 김영주였다. 나는 열아홉 살이 되던 해 의병이던 김영주와 결혼했다.

"당신과 혼인해 참 기쁘고 행복하오."

"우리 행복하게 살았으면 좋겠어요."

"저 왜놈들만 우리 조선에서 몰아내면 우리 조선 사람 모두가 행복하게 잘

살아갈 텐데."

"그러게요. 왜놈들을 몰아낼 방법이 없을까요?"

우리 부부는 항상 행복을 꿈꾸는 이야기를 하며 나라 걱정을 했다. 서로 대화가 잘 통해서 이야기하는 시간이 참 좋았다. 아버지는 사위이자 제자인 김영주를 늘 칭찬했다. 김영주와 결혼하고 보니 아버지가 침이 마르도록 칭찬을 한 이유를 알 것 같았다. 김영주는 공부를 아주 열심히 하고 자신보다는 남을 더 생각하고 배려하는 사람이었다. 김영주는 안동의 전통 유학자 집안의 아들로 그의 성품은 집안 분위기에서 비롯한 것 같았다. 우리 아버지 남정한은 내 고향 경북 영양군에서 제자를 70명이나 둔 학자였는데 나도 아버지 덕에 열두 살에 《소학》과 《대학》까지 공부했다. 대부분 딸들에게는 공부를 시키지 않았는데 아버지는 생각이 달랐다.

"여자들도 공부를 해야 지혜롭게 살 수 있단다. 자현아, 여자라고 공부를 게을리하지 말거라."

아버지는 나를 앉혀 놓고 공부를 가르치며 늘 이렇게 말했다.

남편과 내가 서로 《소학》과 《대학》을 논하며 행복하게 살아가고 있던 어느 날, 남편이 외출하고 들어오더니 말했다.

"부인, 이리 들어와 얘기 좀 하시구려."

"무슨 일이 있습니까?"

"내 긴히 할 이야기가 있소."

남편 목소리가 심상치 않아 나는 일을 빨리 마무리하고 들어갔다.

"왜놈들이 저렇게 기승을 부리고 있으니 이렇게 가만히 있으면 안 될 것 같소."

내가 앉자마자 남편이 말했다.

"혹시, 의병으로 또 나가시려는 생각이신지요?"

"그렇소, 미안하오. 나라가 망해 가는 것을 지켜보고만 있으려니 가슴이 터질 것 같소."

남편은 전에도 몇 번 의병으로 나갔다 왔는데 이번에도 의병으로 자원할 생각이었다.

"나라를 위한 일이니 가세요. 집은 제가 지키고 있을 테니 걱정 마세요. 그런데 어디로 가시는지는 알려 주세요."

"김도현 의병장 진영으로 가오. 만일, 만일 말이오. 내가 못 돌아오거든 우리 저승에서 다시 봅시다."

남편은 죽기를 각오한 것 같았다. 나는 눈물을 보이지 않으려고 애쓰며 남편을 자랑스럽게 보냈다. 그런데 며칠 뒤 남편이 주검으로 되돌아왔다.

"각오는 하고 있었지만 너무 일찍 가셨어요. 여보! 흑흑흑!"

나는 남편의 싸늘한 시신을 보고 너무 슬퍼서 통곡을 했다. 남편의 피 묻은 의병 군복을 벗기고 새 옷으로 갈아입혔다. 의병 군복을 가슴에 안고 목 놓아 울었다. 옷을 보자기에 고이 싸서 장롱 속에 넣었다.

"이 나쁜 왜놈들, 내가 가만두지 않겠어. 두고 봐라 이놈들아!"

당장 달려가 왜놈들에게 복수를 해 주고 싶었지만 배 속에 아기가 자라고 있어서 어쩔 수 없이 주저앉고 말았다. 아기를 낳아서 잘 키우는 것도 남편과 나라를 위한 일이라고 생각했다. 아이를 낳고 나면 남편의 뒤를 이어 일본과 맞서 싸울 생각을 했다. 일본이 우리의 행복을 빼앗아 간다고 생각하니 이가 갈렸다. 그 순간 나는 이 한 몸 바쳐 가정과 나라의 행복을 위해 앞장서기로 다짐했다.

만주로 전진

나는 1913년부터 5년 동안 독립운동가들과 연락을 하면서 집에서 머무르며 활동하다가 1919년 3월에 펼칠 독립운동을 위해 그해 2월에 고향을 떠나 서울로 올라갔다. 연희전문학교 근처의 한 교회에서 교회 신자들과 함께 3·1운동에 참여했다. 운동을 벌이면서 일본 경찰에게 희생당한 사람들도 많았지만 나는 무사히 살아남았다. 나는 살아남았으니 나라를 위하는 일이라면 닥치는 대로 하기로 독하게 마음먹었다. 만주에서 대규모로 독립운동을 벌인다는 소식을 듣고 3월 9일, 장롱 속에 모아 둔 돈과 옷가지를 챙겨 아들을 데리고 곧장 만주로 향했다.

아들과 나는 먼저 만주 서간도인 통화현에 도착해서 알고 지내던 분의 집에 찾아갔다. 아들을 그 집에 머물면서 공부하게 하고, 나는 곧바로 독립군 부대인 서로군정서로 가서 본격적으로 운동에 참여했다. 참모장인 김동삼 선생님을 찾아갔더니 나를 반겨 주었다.

"어이구 반갑습니다. 어서 오시오."

"안녕하세요? 남자현입니다."

"잘 알지요. 의병 활동하다 저세상으로 간 김영주도 잘 안답니다."

"제가 남편이 이루지 못한 뜻을 이루고자 이렇게 선생님을 찾아왔습니다. 서로군정서에 입단하겠습니다. 허락해 주세요."

"나이가 있으니 교회를 중심으로 여성 교육에 나서 주시면 어떠실지요? 그래야 선생님처럼 독립운동에 참여할 여성들이 늘어날 것 같습니다. 남녀노소 할 것 없이 모두가 나서야 할 때입니다. 선생님께서는 교육을 담당해 주세요."

"네. 도움이 된다면 그것부터 시작하겠습니다."

그 길로 나는 여성 교육에 나섰다. 교육하는 일 외에도 내가 도움이 될 만한 일은 모두 찾아서 참여했다. 그때 전국 각지에서 90개의 한인독립운동 단체가 독립운동을 벌이고 있었다. 그런데 그들은 출신지와 생각의 차이로 서로 무력 충돌을 일으키기도 했다. 나는 그들이 한심해 보였다. 힘을 합해도 모자랄 판에 의견이 안 맞는다고 같은 민족끼리 서로 싸우고 있었기 때문이다. 생각의 차이로 나누어져 있는 만주 지역 무장독립 단체들을 통합하는 일이 우선이라고 생각했다. 나는 사람들을 설득하려 많은 노력을 했지만 생각처럼 잘 되지 않았다. 나는 극단적인 방법을 쓰기로 했다. 손가락을 깨물어 하얀 손수건을 펴서 혈서를 썼다.

'우리는 뭉쳐야 산다!'

나는 혈서를 여러 장 써서 각 단체에 보냈다. 그리고 통합이 될 때까지 단식에 들어갔다. 며칠 뒤 하나둘씩 화해를 하고 통합을 해서 하나가 되어 갔다. 그들이 고맙게 느껴져 군자금을 모아서 전해 주었다. 그 뒤로 힘이 닿는 데까지 열심히 운동에 참여했다. 그때 내 나이가 47세였는데 주변에서는 나이가 너무 많다고 걱정했다.

"와! 저 나이에, 그것도 여성이 무장 항일 투쟁에 앞장서다니 정말 혁명적이야."

"사대부 집안의 여성이 독립운동 투사가 되기 위해 만주로 건너온 것은 남여사가 처음일 거야."

사람들은 한마디씩 했다.

나는 누가 나이가 많다거나 뭐라 하든 의식하지 않고 독립에 관한 일이라면 모두 발 벗고 나섰다. 그 와중에 여성들에게 민족의식을 심어 주기 위해 교회도 설립하고, 여성 교육회도 만들어 활동도 하면서 순회강연도 했다. 여성들이 열린 생각을 갖게 하기 위해 여성 단체를 만들어서 교육했다. 나라가 없어질지도 모를 판국에 여성들이 집에서 살림하고 바느질이나 하는 일로 시간을 보낼 수는 없다고 생각했다. 사대부 집안의 할머니들에게 손가락질도 당했지만 나는 나라를 찾는 일이 무엇보다 중요했다.

1925년에는 조선으로 들어가 3·1 운동 직후 부임한 총독 사이토 마코토를 살해하려고 교회 신자로 위장해 계획을 세웠는데 실패하고 다시 만주로 돌아갔다. 나는 나라를 위한 일이라면 죽음도 두렵지 않았다. 나이가 들었어도 아랑곳하지 않고 중국과 조선을 오가며 나라를 구하는 일에 서슴지 않고 적극적으로 나섰다.

1927년에 벌어진 '길림 사건'은 우리를 두려움에 떨게 한 사건이었다. 독립운동을 하는 단체들이 힘을 하나로 합치기 위해 집회를 열었는데 모두 300여 명이 길림성에 모였다. 중국 관리들은 집회에 참석한 300여 명을 다 붙잡아 갔다. 중국 관리는 붙잡은 300여 명을 일본 경찰에게 넘긴다고 했다. 일본 경찰 손에 넘어가면 갖은 고문을 당할 것이 뻔했기 때문에 기필코 막아야 했다. 나는 앞장서서 사람들과 함께 잡혀 들어간 사람들을 구하기 위해 구명 운동을 벌였다. 잡혀간 사람 중에는 도산 안창호 선생님도 있었다. 나는 옥바라지를 하며 이 일을 여러 곳에 알리고, 비상 대책반을 만들어 이들의 석방을 위해 밤낮으로 노력했다.

이를 계기로 나는 여성들을 교육하는 계몽 운동을 하다가 의열 투쟁을 벌이는 쪽으로 활동 방향을 바꾸게 되었다. 의열 투쟁이란 적의 주요 기관이나 주요 인물을 직접 공격하는 투쟁 방법을 말한다. 1928년에는 중국 길림성에서 김동삼, 안창호 선생님을 비롯한 47명의 독립운동가들이 중국 경찰에게 잡혀가자 나는 감옥까지 따라가서 정성을 다해 옥바라지를 했다. 선생님들의 석방을 위해 여기저기 뛰어다니며 중국 관리들에게 부탁을 했다. 중국은 고맙게도 일본의 요구를 무시하고 우리 편을 들어 체포한 선생님들을 풀어주었다.

그 이듬해에는 북만주로 이동하여 독립운동가 김동삼 선생님이 만든 독립운동의 기지 하얼빈에서 반일 활동에 참여했다. 그러다 1931년 10월에 일본 경찰에게 들통이 나서 김동삼 선생님이 하얼빈에서 일본 경찰에게 체포되어 남강 길림가에 있는 일본 총사령사관 지하실 감방에 갇혔다. 나는 김동삼 선생님의 친척이라 속이고 일본 총령사관에 자주 드나들면서 동지들의 연락병 노릇을 했다.

약손가락에 담긴 희망

국제 연맹에서 일본의 만주 침략 현장을 조사하기 위해 특별 조사단을 만주에 보낸다는 소식을 들었다. 나는 이 소식을 듣고 우리나라의 실정을 제대로 세상에 알릴 좋은 기회라고 생각했다. 일본은 멋대로 무자비하게 우리나라를 침략했는데도 불구하고 우리의 입을 막고는 우리가 일본인들을 스스로 받아들인 것으로 세상에 거짓으로 알렸다.

'우리나라가 일본에게 강제로 괴롭힘을 받고 있는 실정을 세계에 알려서 우리 조선이 독립하는 데 도움을 받아야 해.'

나는 우리가 단골로 다녔던 중국인이 운영하는 식당으로 갔다.

"한적한 방 하나 주세요."

"이쪽으로 오시지요. 그 방으로 모시겠습니다."

방에 들어가자 나는 준비해 온 칼과 흰 천을 꺼내 놓았다. 흰 천을 펼쳐 놓고 손가락을 그 위에 놓았다.

"손가락아, 부디 너의 희생이 나라를 구하는 일이 되길 바란다."

나는 손가락에게 작별 인사를 하고 심호흡을 깊이 한 다음 왼손의 약손가락을 잘랐다. 손가락이 끊어져 나가는 아픔은 이루 말할 수 없었지만 나라를 잃은 아픔보다는 덜했다. 손가락에서는 피가 뚝뚝 떨어졌다.

'대한독립원(大韓獨立願, 대한은 독립을 원한다).'

나는 이를 악물고 손가락의 고통을 참아 내며 한 자 한 자 써 내려갔다. 혈서를 쓰고 나서 천으로 손가락을 칭칭 감아 지혈했다. 피가 쉽게 멎지 않았다. 잘린 손가락은 혈서와 함께 하얀 천에 둘둘 말았다. 혈서를 들고 식당을 나와 동지에게로 갔다.

"이것을 국제 연맹 조사단 리튼 경에게 전해야 하는데 방법이 없을까요?"

"현재 이곳은 분위기가 아주 좋지 않습니다. 어제도 조사단에게 편지를 넘기려는 중국 사람과 러시아 사람이 일본 경찰에게 붙잡혀 총살을 당했습니다. 며칠 전에는 우리 조선 사람 김곡이란 사람이 편지를 전달하려다가 총살을 당했습니다."

"빌어먹을 놈들. 내 이놈들을 요절내고 말겠어. 이걸 전달할 수 있는 좋은 방법이 없을까?"

나는 곰곰 생각하다가 밖을 보고 인력거꾼들이 마디얼 호텔을 드나드는 것을 보았다.

"옳지! 저들에게 부탁을 해 봐야겠군. 이봐요. 동지, 저 인력꾼들 중에 믿을 만한 사람을 알아봐서 데리고 오세요."

"인력거꾼을요? 아, 인력거꾼은 호텔로 들어갈 수 있군요. 제가 얼른 나가 알아보겠습니다."

그 동지가 나가서 인력거꾼을 데려왔다.

"저 마디얼 호텔에 머물고 있는 국제 연맹에서 온 조사단에게 이걸 전해 주시오. 그리고 이 서찰도 함께 전달해 주시고요."

나는 인력거꾼에게 먼저 사례비를 건네고 혈서와 우리 대한 여성들의 독립운동에 대한 실태를 적은 보고서를 함께 건넸다. 인력거꾼인 중국인이 내가 건네준 혈서와 보고서를 리튼에게 잘 전했는지는 알 수 없었다.

일본 외교 사절 사살 시도

나는 1933년 3월 1일에 만주국 수도 장춘에서 만주국 건국 1주년 기념 대회를 성대히 치른다는 소식을 들었다. 그리고 부하 정춘봉을 불렀다.

"이보게 춘봉, 3월 1일 신경으로 가세. 기회가 아주 좋아."

"만주국 건국 1주년 기념 대회요? 위험하지 않을까요?"

"걱정 말게나."

"네, 계획을 치밀하게 세워 보겠습니다."

"아닐세. 계획은 내가 세우겠네. 춘봉, 자네는 나를 돕기만 하면 된다네."

"네, 뭐든지 시켜만 주십시오."

"먼저 권총과 폭탄이 얼마나 있는지 알아보게나."

일본 외교 사절을 사살하는 일은 아주 위험하고 중요해서 남에게 맡길 수가 없었다. 나는 직접 계획하고 암살하기로 마음먹었다.

"이 일은 내가 처리한다. 나는 이제 죽어도 여한이 없다. 일본 외교 사절을 처단한 뒤 내 몸은 하얼빈 허공에 날리리라."

나는 두렵지 않았다. 오래전부터 이미 이 한 몸을 나라의 독립과 사람들을 계몽하는 데 바치고 죽으리라 결심했다.

2월 27일은 중국인들로부터 지원받기로 한 폭탄과 권총을 받으러 가는 날이었다. 나는 먼저 중국 할머니들이 입는 옷을 시장에서 사 왔다. 장롱 속에서 보따리를 꺼내 풀어서 남편의 의병 군복을 펼쳤다. 남편이 주검으로 돌아오던 날이 생생하게 떠올랐다. 한동안 옷을 품 안에 안고 눈을 감았다. 그리고 그 피 묻은 남편의 의병 군복을 입고 그 위에 시장에서 사 온 중국 할머니 옷을 입고 중국 할머니로 변장했다.

그러고 나서 나는 중국인에게 폭탄과 권총을 받으러 나갔다. 중국인은 과일 상자에 폭탄과 권총을 담아 주었다. 중국인에게 폭탄과 권총을 받아 오면서 하얼빈의 도의정양가 거리를 지날 때였다. 주변의 기운이 이상하게 느껴졌다. 나는 주의를 살피며 좀 더 빠른 걸음으로 갔다.

"삐이이익~!"

내 귀에 거슬리는 호각 소리가 들렸다. 가슴이 쿵쾅쿵쾅 뛰었다. 나는 무조건 뛰었다. 그들이 무서워서가 아니라 아직 이루고자 하는 목표를 달성하지 못했기 때문이다. 일본 경찰 10여 명이 나를 추격하고 있었다. 골목을 돌아서자 반대편에서 여섯 명의 경찰이 나타나 나에게 총을 발사했다. 그때 내 나이 62세였다. 소원을 이루지 못한 것이 한이 되었다. 나는 하얼빈 주재 일본 초령사관 지하실 감방에 갇혀서 여섯 달 동안 고문을 받았다. 그러고 나서 감옥에 갇히자 단식 투쟁을 시작했다. 갖은 고문과 단식으로 체력이 쇠약해져 어지럼증이 심하고 몸을 가눌 수 없을 정도로 기운이 없었다. 결국 쇠약해진 몸 때문에 감옥에서 풀려났으나 가만히 누워 있지는 않았다. 나를 찾아오는 사람들에게 독립 의지를 심어 주었다.

"독립은 정신으로 이루어지느니라."

나를 찾아오는 사람들에게 이 말을 꼭 해 줬다.

"조선이 독립되는 날 정부에 독립 축하금으로 바치거라"

나는 공부하고 있는 아들을 불러 200원을 주며 말했다. 기운이 다한 것이 느껴지자 나는 아쉽지만 하늘나라에 올라가 조선이 광복되기를 응원하며 그 날을 지켜보리라 마음먹었다.

남자현의 흔적을 찾아서

유적지

● **남자현 생가**

생가는 1999년에 복원했는데 본채와 추모각, 부속채가 있다. 옆에는 항일 순국비가 세워져 있다.

경상북도 영양군 석보면 지경리 393-6

약력

1872년	경상북도 안동군에서 태어남.
1891년	의성 김씨 김영주와 혼인함.
1919년	3·1 운동에 적극 참여하며 만주로 망명하여 서로군정서에 가입하고 군사들 뒷바라지함, 여성 계몽 운동을 위해 북만주 일대에 교회 12곳, 여성 교육 기관 10개소를 만듦.
1925년	재등실 총독 암살을 위해 채찬 등과 서울에 잠입, 공작했으나 실패함.
1927년	길림에서 안창호, 김동삼 등 동지 47명의 옥바라지를 하고 석방 운동에 성공함.
1931년	일본 경찰에 체포되어 호송 중인 김동삼 선생 구출 작전을 시도했으나 실패함.
1932년	국제 연맹에서 일본의 만주 침략 진상 파악을 위하여 조사단 파견 시 왼쪽 약손가락 두 마디를 잘라 "조선독립원"이라는 혈서를 쓴 후 조사단에 전달하고 조선 민족의 독립 정신을 호소함.
1933년	● 3·1 만주국 건국 기념 행사에 참석한 만주국 전권 대사 겸 관동군 사령관 무등신의를 제거하려다 체포됨. ● 하얼빈 감옥에서 여섯 달 동안 혹독한 고문을 받았으며 15일 동안 옥중 단식 투쟁으로 사경에 이르자 보석으로 석방 후 적십자 병원에 입원했다가 하얼빈의 조선인 여관으로 옮겼으나 60세에 세상을 떠남.
1962년	정부에서는 지사의 공훈을 기려 건국 훈장 대통령장을 추서함.

창의력 활동

남자현 지사의 업적을 생각하며 남자현 지사를 소개하는 글을 써 보아요. 소개하는 글은 정보를 전달하는 글이므로 간결하고 정확한 표현으로 씁니다.

진정한 원화 남모와 준정

[경상도]

원화 선발 대회

"마마, 나라의 기강을 튼튼하게 하려면 인재를 길러야 합니다."

지소 태후가 진흥왕을 찾아가 말했다.

"어떻게 인재를 기르자는 말씀이오?"

"혈통에 따라 왕족과 귀족 그리고 평민으로 구분하는 골품 제도가 우리 신라의 인재 등용을 가로막고 있습니다. 신분을 구분하는 것은 인재를 뽑는 데 걸림돌이 됩니다. 신분을 무시하고 청소년들 중에서 재능 있는 자들을 뽑아

교육해야 할 때이옵니다."

"조상 대대로 내려온 골품 제도를 없애면 나라가 혼란스러워질 텐데요? 생각은 좋지만 쉽게 결정할 일이 아닌 것 같습니다. 한번 생각해 봅시다."

"빨리 서둘러야 합니다. 이웃 나라 백제와 고구려가 언제 침범해 올지 모르니 국력을 길러야지요."

"그렇긴 합니다만……. 그러면 주관해서 진행해 보세요."

지소 태후는 백제와 고구려가 신라를 침범할 것을 우려해서 외세로부터 나라를 지키려면 인재를 길러야 한다고 생각했다. 지소 태후는 처소로 돌아가 미진부와 영실공을 부르고 대신들을 모두 불러들였다.

"신분의 높고 낮음을 따지지 말고 어린 10대들 중에서 인재를 선발해서 교육해 나라의 힘을 키우려 하는데 대신들은 어떠시오?"

대신들 중에는 반대하는 사람들이 많았다.

"태후마마, 인재 등용은 좋은 생각이시오나 신분을 무시한다면 황실의 기강이 해이해질까 우려되옵니다. 골품 제도를 더욱 강화하여 나라의 기강을 세워야 합니다."

"아니다, 성골이 무슨 소용이더냐. 앞으로는 성골도 진골도 모두 사라지게 될 터인데. 현재 부모가 모두 왕족인 성골이 몇 명이나 되더냐? 남자 중에 대를 이를 사람도 없잖느냐?"

"공주마마들이 있지 않습니까? 공주마마들 중에 황제로 세워야지요."

영실공이 의견을 이야기했다. 영실공 외에도 신분 제도에 대해 긍정적인 생각을 가지고 있는 사람들은 지소 태후의 생각에 반대하고 나섰다.

"자자, 이미 왕께서 결정한 바이니 그대로 진행합시다. 10대를 대상으로 학식과 재능이 뛰어난 자를 뽑아 인재 교육을 하려고 하는데 공들은 좋은 선출 방법을 이야기해 보시오."

태후는 몇몇 대신들의 반대에도 아랑곳하지 않고 여장부답게 자신의 뜻을 밀고 나갔다.

"시험을 보는 것이 어떻겠습니까?"

미진부가 말했다.

"인재 등용은 시험으로만은 안 될 듯합니다. 사람이 자라 온 환경도 중요하니 골품도 반영하는 것이 좋을 듯합니다."

영실공은 미진부의 말이 귀에 거슬려 그의 말에 반대하고 나섰다. 미진부는 남모와 결혼할 사이였고, 지소 태후와 진흥왕이 신임하고 있는 사람이기도 했다. 영실공은 권력이 지소 태후 쪽으로 치우치는 것을 막아야 한다고 생각했다.

"자고로 인재는 품행이 바르고 학식이 높으며 사교적인 성격을 지녀야 합니다. 즉 내적으로도 외적으로도 아름다움을 함께 갖춘 사람이어야 하지요. 그러니 시험만으로는 여러 가지 재능을 볼 수가 없습니다. 지원자들을 모아 놓고 놀이를 하게 하여 뽑는 게 어떻겠습니까?"

지소 태후가 미진부와 영실공의 말을 모두 듣고 나서 쩌렁쩌렁한 목소리로 말했다.

"놀이를요?"

"그렇소. 놀이에는 도가 있으니 놀이를 통해서 그 사람이 지닌 도덕과 지혜, 그리고 좋은 품격과 사교성, 신체의 건강 등 고루 평가할 수 있을 것이라 생각합니다. 그러니 놀이야말로 인재를 선발하는 데 좋은 방법이라 생각되는데 대신들은 어떻게 생각하시오?"

"오호! 좋은 생각이십니다. 풍류를 아는 사람이야말로 불교, 도교, 유교에서 가르치고 있는 덕목을 잘 알고 있을 테니까요."

미진부가 말했다.

"신도 그렇게 생각되옵니다."

"저도 그렇게 생각하옵니다."

지소 태후를 따르는 신하들이 거의 찬성한다고 대답했다. 대답을 하지 않은 신하들은 대답 대신 모두 고개를 끄덕였다. 하지만 영실공은 표정이 좋지 않았다.

지소 태후는 신하들과 회의를 마치고 대회 날짜를 정했다. 대회 방법은 한날한시에 10대 청소년 남녀를 모아 놓고 놀이를 하게 하는 것으로 의견을 모았다. 그중에서 으뜸으로 잘 즐기는 사람을 우두머리로 선발할 예정이었다.

"자, 그럼 구체적인 이야기로 들어가서 1차는 명산을 순례하며 향가 부르기와 민속춤추기로 합시다. 이는 공동체 의식을 통한 사회적 통합 능력 평가오. 그리고 그 사람의 정서를 평가할 수 있는 덕목이기도 하고."

"두 번째 관문은 무엇이옵니까?"

"2차 시험은 《시경》, 《서경》, 《예기》 등 경전에 대한 지식 평가오. 지혜로움이 있으며 지적 능력도 갖추고 있어야 서로 융화가 되어 조직을 잘 이끌어 갈 것이며, 나라 일도 무리 없이 해결해 갈 것이오."

"아주 좋은 생각이십니다. 그럼 그리 준비하겠습니다."

드디어 원화 선발 대회가 열렸다. 원화는 화랑 이전에 있던 청소년 단체 이름이자 그 우두머리를 말한다. 대회에는 300여 명이 참가했는데 남자 지원자가 더 많았다.

1차 문제가 펼쳐져 걸렸다. 1차는 명산을 오르며 향가를 부르는 대회였다. 모여든 참가자들은 문제대로 명산을 오르며 향가를 불렀다. 명산을 순례하고 나서 민요를 부르며 춤판을 벌였다. 여자인 준정과 남모가 대신들 눈에 띄었다. 남자들 중에도 눈에 뛰는 사람이 몇몇 있었으나 남을 배려하고 포용해 주기보다는 잘하려는 의욕만이 앞서 보여 남모와 준정이 더 높은 점수를 받았다.

1차 과제가 끝나자 바로 2차 문제가 펼쳐졌다. 문제는 유교의 다섯 가지 기본 경전인 《역경》, 《서경》, 《시경》, 《예기》, 《춘추》 등 오경에 대하여 설명하고, 《시경》에 나오는 시 〈관저〉에 담긴 의미를 쓰는 것이었다. 참가자들의 얼굴이 모두 진지했다. 준정와 남모는 자신 있게 답을 써 내려갔다.

2차 과제가 끝나고 심사관들이 점수를 냈다. 남녀 지원자들 모두가 왕족과 귀족의 자손들이라서 기본적으로 학문을 많이 익히고 예를 배운 터라 점수 차이는 많이 나지 않았다. 유독 높은 점수를 얻은 사람이 두 사람 있었는데 둘은 점수가 똑같았다. 대신들은 잠시 시간이 흐른 뒤 발표를 했다.

"원화 선발 대회에서 높은 점수를 얻은 사람은 두 명으로 공동 우승입니다. 두 명은 바로 남모와 준정입니다."

"와~!"

남모와 준정은 놀란 표정으로 서로 얼싸안았다. 둘은 서로를 축하하며 부둥켜안고 눈물을 흘렸다. 남모와 준정은 학문과 기예가 뛰어났고, 놀이에서 참가자들을 잘 이끌어 가면서 그들을 배려하고 포용하는 마음을 보여 높은 점수를 받았다. 결국 남모와 준정은 공동 원화가 되어 교육을 받고 300여 명의 나머지 참가자들을 이끌게 되었다.

본격적인 인재 양성

"우리 원화 활동의 기본 정신은 도의로서 서로 연마하며 가악으로 서로 기뻐할 줄 알아야 하며, 이름난 산과 큰 내에서 놀아야 하고, 아무리 먼 곳이라도 둘러보아야 할 의무가 있다."

준정이 먼저 나서서 말했다. 준정의 말이 끝나자 남모가 앞으로 나왔다.

"우리 원화의 목적은 융합하여 국가와 민족에 대한 충절과 의리를 최선으로 삼고, 집단생활 속에서 삼국 통일에 필요한 인재를 많이 배출하려는 것입니다."

남모가 우렁찬 소리로 말했다.

"우리 서로 잘해 봅시다."

남모와 준정은 서로 마주 보고 오른손을 들어 손바닥을 맞췄다.

"서로 믿고 존중하는 것을 본보기로 보여 주며 우리 원화를 잘 이끌어 나갑시다."

둘은 서로를 믿고 솔선수범했다.

"자! 이쪽은 나를 따르라!"

준정이 오른편에 선 무리를 이끌고 나갔다.

"자! 이쪽은 나를 따르라!"

남모도 뒤를 이어 왼편에 선 무리를 이끌고 나갔다. 준정과 남모는 낭도들을 연마장으로 데려가 세웠다. 남모가 먼저 낭도들 앞으로 나갔다.

"먼저 낭도들은 낭도로서 지녀야 할 기본 정신을 배우게 될 것이오. 모두 잘 들으시오. 준정 원화께서 낭도들이 익혀야 할 기본 정신을 이야기해 줄 것입니다."

남모가 뒤로 물러서고 준정이 앞으로 나왔다.

"낭도들이 앞으로 익혀야 할 기본 정신은 '효도, 우애, 충성, 신의'입니다. 효도란 부모를 공경하고 잘 섬기는 것이요, 우애는 형제끼리 정과 사랑을 나누는 것이요, 충성은 나라와 임금께 몸과 마음을 다함이요, 신의는 믿음과 의리 있는 자세를 갖는 것이니 낭도들은 이를 습관이 되도록 끊임없이 노력해야 합니다."

준정은 쩌렁쩌렁한 목소리로 말했다.

"자 이제 연마에 들어가도록 하겠습니다."

원화의 교육 내용은 사람으로서 마땅히 행해야 할 도덕이나 의리를 수양하는 도의연마(道義鍊磨), 풍류를 사랑하고 즐기는 가악상열(歌樂相悅), 산천을 돌아다니며 즐기는 산수오유(山水娛遊) 등이었다.

사람으로서 마땅히 행해야 할 도덕과 의리를 배워 익히는 것은 이성을 바르게 함이고, 풍류를 즐기며 서로 사랑하고 기뻐하는 것은 정서를 수양하는 일이었다. 또한 산수를 즐기며 노는 것은 심신을 단련하는 것이었다.

"모두 들으시오. 첫 번째 교육은 말타기와 활쏘기입니다. 두 번째는 검술과 같은 무예 익히기, 세 번째는 역사와 문장 공부, 네 번째는 노래와 악기

익히기입니다. 다섯 번째는 몸과 마음을 다스리기 위한 음악과 유희의 교육이니 마음의 흐트러짐이 없도록 명심해야 합니다. 이 모든 것을 갈고 닦아야 비로소 진정한 원화가 되는 것이오."

"네, 명심하겠습니다."

모두 소리를 맞춰 우렁차게 대답했다.

남모와 준정은 날마다 새벽에 일어나 모두를 한자리에 모아 놓고 먼저 원화의 기본 정신을 외치게 한 다음 무예 익히기와 학문 익히기, 말타기와 활쏘기 등의 교육을 시작했다. 며칠에 한 번씩은 아름다운 산수를 찾아 유람을 떠나기도 하고, 음악과 춤을 배우기 위한 잔치를 벌이기도 했다. 남모와

준정은 하나둘씩 점점 수련이 되어 성숙해지고 있는 것을 보고 흐뭇했다.

"준정 원화, 모두가 차츰 성숙해 가는 걸 보면 뿌듯합니다."

"이 모두가 남모 원화께서 교육을 잘 해 주신 덕분이지요."

"별말씀을요. 준정 원화가 더 애를 쓰셨습니다."

남모와 준정은 공을 서로에게 돌리며 의좋게 지내며 본보기가 되었다.

이상한 노래

시간이 지나고 보니 남모를 따르는 쪽과 준정을 따르는 쪽이 서서히 생기고 있었다. 그러자 의좋았던 남모와 준정도 서서히 멀어지게 되었다. 진흥왕과 지소 태후는 남모의 편에 서서 정치를 이끌어 갔다. 준정은 이에 서운하기도 하고 화가 치밀기도 했다.

"남모와 내가 어떻게 해서 이 지경까지 왔는지."

처음에는 준정을 따르는 쪽이 많았으나 시간이 흐르면서 남모를 따르는 쪽도 늘어나고 있었다. 준정은 남모의 세력이 커지는 것에 불안함을 느꼈다. 그러면서도 준정은 남모와의 사이에 금이 가는 것을 걱정했다.

'우리 원화가 이렇게 흔들리면 안 되는데. 나라에 망조가 든 게야. 안 되겠어. 남모를 만나 담판을 짓고 전처럼 서로 힘을 합해 원화를 이끌어야 해. 이 길이 나라를 위하는 길이야. 세력이 나누어지면 안 돼.'

준정은 고심하던 끝에 부하를 불렀다.

"밖에 누구 없느냐?"

"네."

밖에 있던 부하가 들어왔다.

"내일 아침 동이 트거든 남모 원화에게 가서 이걸 전하거라."

"네."

신하는 준정이 준 서찰을 가지고 나갔다. 이튿날 동이 트자 신하는 남모 원화에게 달려갔다. 남모 원화는 준정의 부하를 반갑게 맞아 주었다.

"이게 무엇인가?"

"준정 원화께서 이것을 남모 원화님께 갖다 드리라고 했습니다."

남모 원화는 서찰을 받아 펴 보았다.

'요즘 우리의 의리에 금이 가고 있어 걱정이오. 오늘 저녁에 만나 그동안 서로 서운했던 감정을 모두 풀어 버리고 다시 시작합시다. 저희 집으로 오시지요.'

남모 원화는 흔쾌히 허락을 하고 답장을 써서 준정의 부하에게 보냈다. 남모도 자신이 의도하지 않은 일이 주변에서 벌어지고 있어 걱정을 하고 있었다. 준정과 힘을 합해야 한다고 생각했다.

"남모 원화께서 이걸 준정 원화께 갖다 드리랍니다."

준정은 서찰을 얼른 펴 보고 미소를 지었다.

"이제 나가 보거라. 잠깐, 오늘 저녁 귀한 손님이 오시니 준비를 시키거라."

"네, 그럼 소인 물러가 보겠습니다."

준정은 부하를 내보내 놓고 방 안을 살피며 남모 원화를 맞을 준비를 했다. 해가 뉘엿뉘엿 넘어가고 나서 남모 원화가 왔다.

"남모 원화, 어서 오세요. 우리가 이렇게 만난 지가 꽤 오래되지 않았소?"

"네, 그러하옵니다. 우리가 어쩌다가 의에 금이 가게 되었는지 알 수가 없어요. 우리가 서로 힘을 합해서 신라를 좀 더 강하게 만들어야 하는데 우리의 의지와는 관계없이 누군가에 의해 의리에 금이 가고 있는 것이 서글픕니다."

"네, 그렇지요. 우리에게는 문제가 없는데 주변 인물들이 문제구려. 여봐라! 이제 상을 들라 이르라."

말이 떨어지기가 무섭게 곧바로 푸짐하게 차려진 밥상이 들어왔다.

"남모 원화, 시장하셨을 텐데 어서 드시지요."

"잘 먹겠습니다. 준정 원화도 어서 드시지요."

두 사람은 마주 앉아 음식을 먹으며 나라 걱정을 했다. 이야기를 하다 보니 제법 어두워졌다.

"밖이 어두워졌으니 그만 일어나야겠소."

"밖이 어두운데 주무시고 가시지요?"

"걱정 마세요. 저는 원화잖습니까? 하하하."

준정은 걱정이 되어 하룻밤을 재워서 보내고 싶었지만 남모가 우기는 바람에 사람을 딸려 보냈다.

이튿날 아침 준정의 부하가 숨을 헐떡거리며 준정의 처소로 달려왔다.

"남모 원화가 어제 돌아가시는 길에 목숨을 잃었다 하옵니다."

"뭐야? 어찌된 영문인지 살펴보고 오거라."

준정은 남모의 죽음을 생각하면서 애통해했다. 며칠 뒤 이상한 노래가 고을에 퍼지게 되었다.

준정이 남모를 초대해서 술을 먹였다네

준정은 권력을 탐하여

술에 취한 남모를 북천에 끌고 와 죽였다네

준정은 흔적을 감추려고

남모를 북천의 바위 밑에 묻었다네.

노래는 준정의 귀에도 들어갔다. 준정은 딸려 보냈던 부하를 불렀다.

"어떻게 된 거냐? 잘 모시라고 했잖느냐?"

"소인도 잘 모르겠사옵니다. 혼자 가시겠다고 우기시는 바람에 어쩔 수가 없었습니다. 뿌리치시는 힘이 장사시어 당해 낼 수가 없었습니다."

"뭐야? 그래서 혼자 보냈단 말이냐?"

준정이 화를 내며 버럭 소리쳤다.

"완강하게 뿌리치시기에 그만. 죽을죄를 지었습니다."

"아니다. 너를 죽이고 싶지만 네가 죽으면 진실을 밝히지 못하니 살려 두도록 하겠다."

준정은 이상한 기운이 느껴져 칼을 들었다.

"준정 원화, 군졸들이 오고 있습니다!"

부하 한 사람이 달려와서 준정에게 알렸다.

"뭐야? 군졸들이?"

군졸들은 준정의 집 문 앞에 다다라서 준정에게 소리쳤다.

"죄인, 준정은 어서 나오거라."

준정은 눈에 힘을 주고 당당하게 나왔다.

"무슨 일이오?"

"남모 원화를 살인한 죄로 왕께서 잡아들이라는 명이시오."

"살인죄? 말도 안 돼. 나도 남모 원화의 죽음이 궁금한 터이니 함께 가서 밝혀내야겠구나!"

준정은 당당하게 따라나섰다. 궁에 들어가 시비를 직접 가리기 위해서였다. 준정이 궁에 도착하자 왕은 사형대를 준비해 놓고 있었다.

"죄인을 의자에 앉혀서 묶어라."

"준정, 그대는 왜 남모를 죽였는가?"

"죽이지 않았습니다. 저도 남모의 죽음을 궁금해하던 참이었습니다."

"술을 마시게 하여 물에 빠뜨려 죽였잖느냐?"

"무슨 말씀이시온지요? 남모 원화가 물에 빠져 죽었다고요?"

"묻는 말에만 답하거라."

"남모 원화가 물에 빠져 죽은지 저는 모르는 일이니 아는 사람을 수소문해 보시는 게 어떠신지요?"

"노래도 못 들었느냐?"

"노래는 누가 저를 모함하기 위해 지어 퍼뜨린 게 분명합니다."

"준정, 진정 진실을 말하지 않겠다는 거냐? 그러면 할 수 없지. 그대를 살인죄로 사형에 처하겠다. 이제 남녀가 함께하는 원화 제도는 없앨 것이니라. 남자 낭도로만 이루어진 화랑 제도를 만들어 남자들이 이끌게 할 게야. 여봐라, 저 죄인을 단칼에 베어라."

'나는 남모 원화를 죽이지 않았다는 것을 원화의 이름을 걸고 맹세합니다. 남모 원화를 죽인 죄인은 남모 원화만이 알 것입니다. 남모 원화, 나도 곧 당신 곁으로 갑니다.'

준정은 조용히 눈을 감았다. 준정의 시신은 준정을 따르던 세력이 거두어 묘지를 만들어 주었다. 묘비에는 이런 문구가 쓰였다.

'비록 누명을 쓰고 사형을 당했지만 당신은 위대한 원화였습니다.'

남모와 준정의 흔적을 찾아서

유적지

● 국립 경주 박물관
국립 경주 박물관에는 원화 남모와 준정에 대한 자료가 전시되어 있다.
경상북도 경주시 일정로 186

● 더 가 볼 만한 곳
남모가 빠져 죽었다는 북천. 북천(北川)은 경상북도 경주시 황룡동 토함산에서 발원하여 덕동저수지, 보문저수지를 거쳐 서쪽으로 흐르다가 형산강으로 흘러드는 하천이다. 상류에는 북쪽으로 경주국립공원 소금강지구, 남쪽으로 명활산이 펼쳐져 있으며 하류에는 아파트 단지와 시가지가 형성되어 있다.

남모와 준정에 대한 정보

- 남당 박창화 선생의 《남당유고》〈신라기〉를 살펴보면 준정은 삼산과 준답의 딸이고, 남모는 법흥왕과 보과공주(백제 출신)의 딸이다.
- 《삼국사기》에는 준정의 사망 시기에 대하여 진흥왕 37년(576년)이라고 했지만 《삼국사절요》에는 진흥왕 원년(540년)으로 나온다.
- 《남당유고》〈신라기〉에 따르면 준정은 521년생, 남모는 524년생이다.
- 《삼국사기》에서는 준정이 공식적으로 남모를 죽인 주범으로 발표되어 사형당했지만 실제로 준정이 남모를 죽였는지는 미스터리로 남아 있다. 준정 사형 직후에 원화 집단은 없어지고 남성 중심의 화랑 조직이 신설되었다. 그 전후 정황을 고려하면 준정이 남모를 살인했다고 기록된 것은 남성 중심의 화랑 조직이 신설되면서 이전 집단인 여성 중심의 원화를 없애려는 정치적 음모에 의해 거짓으로 꾸며졌을 가능성도 크다. [우리역사문화연구모임 카페 (http://cafe.daum.net/alhc) 참고.]

창의력 활동

남모와 준정 이야기를 참고해 연극 대본을 만들어 보아요.

<희곡 쓰는 방법>
연극 대본은 희곡이라고 하는데 여기에는 희곡 형식의 3요소인 해설, 지문, 대사가 들어가야 합니다. 해설은 희곡의 첫머리 부분으로 막이 오르기 전후에 필요한 무대 장치, 인물, 배경(시간적, 공간적) 등을 설명하는 글이며, 지문은 배경, 효과, 조명, 등장인물의 행동, 표정, 심리 등을 지시하고 설명하는 글로 '바탕글'이라고도 하는데, 문장은 현재형으로 씁니다. 그리고 대사는 등장인물이 하는 말로 모든 극적인 주제와 사건은 대사를 바탕으로 이루어집니다. 희곡의 내용에는 인물, 사건, 배경이 들어갑니다. 이를 참고해 남모와 준정의 이야기를 연극으로 꾸민다 생각하고 희곡을 써 보세요.

행복 전도사

조아라

[전라도]

은반지 비밀 결사 조직

　내가 광주학생독립운동에 참여하기 시작한 것은 1927년 수피아여고 3학년 때였다. 김필례 선생님의 권유로 YWCA에 가입해서 활동하면서 일본에 대한 적개심이 생겨났다. YWCA는 1922년에 처음으로 설립되어 정의와 평화 구현이라는 목표를 가지고 많은 사회사업을 펼쳐 왔다.
　우리는 일본에게 모든 것을 빼앗긴 상태였다. 일본은 우리말도 쓰지 못하게 하고 땅도 빼앗아 자기들이 주인 행세를 했다. 학교에서는 일본 교과서로

공부를 시키고 선생님들은 모두 일본 편을 드는 사람들로 바뀌어 갔다. 게다가 조선 학생과 일본 학생을 차별하기도 했다. 조선 학생들과 일본 학생들이 싸우면 무조건 조선 학생들이 처벌을 받았다. 처벌받은 학생들이 불공평한 대우에 항의를 하면 받아 주지도 않았다.

1929년 10월 30일은 잊히지 않는 사건이 있었다. 당시 나주에서 광주로 통학하는 학생들이 많았는데 광주여자고등보통학교 여학생들이 기차로 나주역에 도착했을 때였다. 나주에서 통학하는 광주중학교 일본 남학생이 조선 여학생의 머리댕기를 잡아당기며 희롱했다.

"이씨, 쪽발이 놈이!"

조선 여학생이 화가 나서 말했다.

"이 조센징 년이 죽을라고?"

하지만 일본 남학생은 조선 여학생의 머리채를 더 세게 쥐고 흔들었다. 이를 본 조선 남학생이 달려와 일본 남학생을 때렸다.

"이 조센징 놈은 또 뭐야?"

일본 남학생의 친구가 조선 남학생의 얼굴을 쏘아보며 멱살부터 잡고 때렸다.

"난 이 누나의 동생이오."

"오호라! 그러셔? 그럼 어디 한번 덤벼 봐."

일본 학생은 비꼬며 조선 남학생의 멱살을 더욱더 세게 잡고 흔들었다. 조선 학생도 일본 학생의 멱살을 잡았다. 그러자 옆에 있던 일본 학생이 조선 학생의 친구를 때렸다. 그리고 또 다른 일본 학생 패거리들이 나주역으로 나와 우리 조선 학생들에게 시비를 걸었다. 우리 조선 학생들은 당하고만 있지 않고 일본 학생들에게 덤벼들었다. 나주역 광장은 순식간에 아수라장이 되었다.

"호로록! 호로록! 호로록!"

일본 경찰이 호각을 불며 뛰어오자 싸움은 끝이 났다. 그날 싸움에 대한 기사와 뉴스는 조선 학생들의 잘못으로 보도되었다. 우리는 너무 화가 나서 일본에 항의했다. 이렇게 일본 학생들만 감싸니까 일본 학생들은 더 기승을 부리며 우리 여학생들을 희롱하고 괴롭혔다. 나는 우리 여학생들이 똘똘 뭉쳐 강한 모습을 보여야 한다고 생각했다.

"이렇게 당하고만 있을 순 없어요. 일본 학생들에 맞서 싸우려면 우리가 뭉쳐야 합니다."

"맞아요. 우리 여학생들도 함께 뭉쳐야 해요. 그래야 일본 학생놈에게 당하지 않아요."

"그래요. 일본은 지금 우리에게 식민지 노예 교육도 시키고 있어요. 우리 것을 모두 빼앗기기 전에 우리 학생들이 나서서 우리의 길을 바로잡아야 해요."

"맞아요."

"저도 같은 생각입니다."

우리 학생들의 각오는 대단했다. 하지만 시간이 흐를수록 일본 학생들은 우리 조선 여학생들에게 몹쓸 짓을 많이 했다. 나는 분노를 참지 못해 비밀 결사 조직을 만들어서 맞서자고 제안했다. 모인 여학생들은 나의 제안에 모두 찬성했다.

"그럼, 우리 첫 모임을 언제 갖지요?"

"빠를수록 좋아요. 당장 이번 주 주말은 어때요?"

김수진이 말했다. 서금복, 김나열 등 모든 학생들이 좋다고 했다.

우리는 토요일 저녁에 모여 다음 주부터 활동을 시작하기로 했다.

"우리가 먼저 해야 할 일은 단원을 많이 모집하는 거예요. 그러니 다음 주에는 모여서 모임 이름도 정하고 여학생들에게 항일 운동에 참여하도록 설득할 유인물을 만들어요."

"그럽시다. 우리가 힘을 합하면 못할 게 없을 거예요."

우리는 모임 이름을 '백인청년단'이라 정하고 비밀리에 만나야 하므로 단원 명단은 작성하지 않았다.

"우리가 명단도 만들지 않아서 서로 이름과 얼굴을 모를 수도 있으니 서로 같이하는 사람이라는 걸 알아보는 표시가 있어야 할 것 같아요."

"반지가 어떨까요?"

"그거 좋겠네요. 다른 의견 있으신 분 말씀해 주세요."

"저도 반지가 좋을 것 같아요."

모든 학생들이 반지 만드는 데에 찬성했다. 우리는 반지를 은반지로 통일해서 주문했다. 우리는 매주 토요일 밤에 모여 항일 운동 계획을 짰다. 그리고 한글로 된 책을 읽고 독서 토론도 했다. 나는 우리글을 읽고 우리말로 토론을 하는 시간이 가장 행복했다. 일본인들이 우리에게 근대화 교육을 한다는 이유로 우리말도 못 쓰게 하고 우리 책도 못 읽게 했기 때문에 우리는 숨어서 토론을 할 수밖에 없었다.

우리는 장재성의 주도로 광주농고 학생들과 함께 광주 시민들의 지지를 받으며 용감히 적을 물리치자는 내용의 행진가를 부르며 가두시위를 했다.

"약소민족 해방 만세! 제국주의 타도 만세! 피압박 민족 해방 만세!"

우리는 밤마다 만나서 우리 조선 문화 활동도 하고 항일 운동 계획도 세웠다. 우리와 같은 학생 운동 단체들이 하나둘씩 생겨나더니 어느덧 전국적으로 퍼지게 되었다.

그러자 일본 경찰들은 단체 회원들을 찾느라 바쁘게 움직였다. 우리 백인 청년단은 일본 경찰이 사상 혐의자를 탐문하기 위해 가택 수색을 하는 과정에서 단원의 일기장이 발각되어 주목되었다. 그 영향으로 내가 다니던 광주 수피아여고는 무기 휴학 조치를 받았다.

신사 참배 거부

1929년 11월 3일 일요일은 우리 고조선 건국을 기념하는 음력 10월 3일 개천절이었다. 이날은 일본에서는 메이지 천황의 탄생을 축하하는 명치절이기도 했다. 일본에게 침략당한 우리는 조선의 시조인 단군을 기억하는 날에 일본 국가인 〈기미가요〉를 불러야 했다. 하지만 우리 조선 학생들은 〈기미가요〉를 부르지 않았다. 목소리가 나오지 않았다.

"더 크게!"

일본 지휘자 선생님이 신나게 지휘하며 소리쳤다. 우리는 계속 침묵했다. 행사 때마다 일본을 찬양하는 〈기미가요〉를 부르는 것이 정말 싫었다. 세월이 흐를수록 일본의 간섭이 더욱더 심해졌다. 1930년대에 이르러서는 우리에게 신사 참배까지 강요했다.

일본은 메이지 유신을 거쳐 천황제 국가를 만든 뒤에 전 국민들에게 천황을 숭배하도록 가르쳤다. 메이지 유신은 천황이 만든 근대화 개혁 과정을 말한다. 여기서 '유신'은 낡은 제도를 고쳐 새롭게 한다는 의미를 지니고 있다. 이러한 의미로 천황은 일본인들이 근대화를 통해 적극적으로 서양을 배우고 일본을 발전시키자고 했다. 그러면서 천황은 일본을 국왕 중심 국가로 만들었다.

러일 전쟁이 일어나고 나서 일본은 국가 통합 이념으로 뭉쳐야 한다는 점을 내세우며 신사 제도를 만들었다. 신사 제도는 전쟁 영웅들을 사당에 모시고 참배를 하도록 하는 것이다. 신사 참배는 일본의 정치, 국민 통합, 이념 등을 상징하는 행사가 되었다. 그러다 1930년대에 들어서부터는 조선인들에게도 신사 참배를 강요했다. 이는 황제를 섬기는 천황제 이념을 조선인들에게까지 심기 위해서였다.

1930년대 중반부터 일본은 일본인들뿐 아니라 조선인들까지도 황제를 섬기는 일 외에 다른 생각을 하지 못하도록 막았다. 그리고 황실의 조상이나 나라에 공이 큰 사람을 신으로 모셔 놓고 제사를 지내는 신사를 중심으로 애국반을 만들고 신사 참배, 궁성 요배, 일장기 게양, 황국신민서사 제창, 근로 봉사의 월례 행사 참여 등을 강요했다. 또한 각 가정에 신을 모시는 신궁을 설치하고 신궁의 부적을 집집마다 지니고 있도록 강요했다.

특히 1936년과 1937년은 신사 참배가 최고로 강요되던 해였다. 일본은 기독교학교에도 신사 참배를 하라고 위협과 압력을 넣었다. 1930년대 초반까지만 해도 종교 학교에는 신사 참배를 강요하지 않았다. 나는 일본이 미쳤다고 생각했다. 우리 광주수피아여고도 예외는 아니었다. 하지만 민족적으로나 신앙적으로 그것은 절대로 용납될 수 없는 것이었다.

"광주수피아여고 학생들과 동창회 회원 모두는 이제부터 학교에 신궁을 만들어 신사 참배를 하시오."

"우리는 다른 건 다 해도 신사 참배는 못해요"

동창회장인 내가 나서서 먼저 말했다. 그랬더니 다른 학생들도 모두 못한다고 의사를 분명히 밝혔다.

"그럼 둘 중 하나를 선택하시오. 폐교냐 신사 참배냐 결정하란 말이오."

"우리는 학교를 폐교하는 일이 있더라도 신사 참배는 못해요."

"그럼 좋소. 이제 이 학교에는 폐교령이 내려질 거요."

결국 우리 학교는 1937년 2월에 스스로 폐교하기로 결정을 내렸다. 일본 경찰은 내가 신사 참배 거부에 앞장섰다는 이유로 나를 잡아갔다. 그때는 첫

아들 학인이가 돌이 겨우 지난 때라서 나는 학인이를 업고 옥에 들어가 한 달을 살았다. 학인이에게 젖을 먹여야 해서 데리고 들어갈 수밖에 없었다. 학인이는 폐렴을 앓고 있어서 고생이 더 심했다. 얇은 옷을 입은 채로 끌려간 터라 담요 한 장으로 그 추운 겨울을 학인이와 함께 독방에서 보냈다. 내가 출옥하고 나니까 남편이 이튿날 평양에 가도록 되어 있다고 했다. 나는 반대할 명분이 없었다.

1938년, 남편이 다니고 있던 총회신학교 소속인 장로교 연차 총회에서 신사 참배에 대한 교회의 입장을 결정했다. 당시 장로교 내에서는 목숨 걸고 반대하자는 파와 타협을 하고 교회를 유지하자는 파, 둘로 나누어져서 갈등하고 있었다. 갈등 끝에 총회에서 신사 참배를 하는 쪽으로 결정을 내렸다. 그뿐만 아니라 장로교는 헌금을 걷어 일본 쪽에 전투기까지 헌납하기로 했다. 장로교는 교회를 살리기 위해 어쩔 수 없이 그렇게 결정했지만 이런 일이 생기자 남편은 화를 내며 학교를 나왔다.

"이런 학교는 내가 안 다니고 만다."

남편은 학교에 자퇴서를 내고 집에 돌아와 나에게 당장 짐을 싸라고 했다. 나는 사정이 있겠거니 생각하고 아무 말 없이 짐을 꾸렸다. 광주역에 내리니 친정에서 보낸 사람이 기다리고 있었다.

"일본 경찰들이 지금 아가씨 집을 둘러싸고 있어요. 평양에 서방님이 머무실 집을 마련해 놨답니다. 서방님은 지금 곧바로 그쪽으로 가시라는 주인어른의 말씀을 전하러 왔습니다. 그리고 아가씨와 도련님은 저와 함께 집으로 가시지요."

그렇게 해서 나는 아이를 데리고 친정으로 들어가 살게 되었다. 그 뒤로 둘째를 낳고 선교사 집에서 일해서 돈을 벌어 가면서 학교에도 다니며 바쁘게 생활했다.

그러던 중 일본 경찰들이 내가 미국 선교사 집으로 왔다 갔다 하는 것을 보고 나를 미국 스파이로 오해해서 체포했다. 나는 또 옥살이를 했다.

해방 뒤에 얻은 자유

나는 고문으로 망가진 몸을 추스르고 기독교 여자 청년회에 나갔다. 일본 경찰들이 우리 단체를 강하게 억압한 터라 단체 이름을 널리 알리지는 못했지만 비밀리에 모인 우리는 여러 가지 계획을 세우며 많은 활동을 벌였다.

"우리 여성들이 뭉쳐야 합니다."

"맞아요."

기독교 여자 청년회의 배지에 그려진 파란 삼각형의 세 변은 각각 신체, 정신, 영혼을 상징한다. 기독교 여자 청년회는 영어 약자로 YWCA(Young Women's Christian Association)라고 하는데 YWCA는 원래 1855년 여성들을 위해 기도하는 모임인 프레이어 유니언(Prayer Union)이라는 이름으로 영국에서 여성들을 돕기 위해 처음 만들어진 단체다.

이 단체가 YWCA라는 이름을 갖게 된 것은 1877년이다. 한국에는 일제

강점기였던 1922년에 들어왔는데 그 당시에는 '조선여자기독교청년회연합회'라는 이름으로 활동을 시작했다. 2년 동안 꾸준히 활동하면서 1924년에는 세계 YWCA에 정식으로 가입했다.

  우리는 가난한 사람들을 돕고, 젊은 여성들이 사회에 나가서 일을 할 수 있도록 도와주었다. 그러나 1930년대 중반부터는 일제가 명령과 복종의 원리에 따른 정책을 실시하며 사회 운동 단체들에게 탄압을 가했기 때문에 활동을 잠시 중단하게 되었다.

  그 뒤로 YWCA라는 이름을 걸로 활동을 다시 시작한 것은 1945년 우리 조선이 광복되고 나서부터였다.

나는 1945년 8월 15일 낮 12시에 들었던 라디오 방송 내용이 아주 생생하게 기억난다. 전도사와 함께 신도의 집에 갔다가 일본이 항복을 했다는 방송을 들었다. 라디오 소리가 깨끗하게 나오지 않아서 답답했지만 일본이 항복했다는 소리는 똑바로 들렸다. 우리는 함께 부둥켜안고 소리를 질렀다.

"만세! 대한 독립 만세! 이제 우리들 세상이야."

"우리가 진짜 해방이 된 거야?"

우리는 믿기지가 않아 서로의 살을 꼬집어 보기도 하며 울었다.

해방이 되고 이튿날인 8월 16일 저녁에 여성들이 금동교회에 모였다. 여성 단체를 만들기 위해서였다.

"이제 자유를 되찾았으니 내가 하고 싶은 일을 마음껏 할 수 있어. 야호! 나는 자유다!"

나는 너무 기뻐서 사람들 앞에서 소리쳤다. 그러고 나자 새 세상을 못 보고 먼저 떠난 둘째 아기가 생각나서 눈물이 났다.

"그 녀석이 살아 있었다면 이 좋은 세상에서 맘껏 날개를 펴고 살았을 텐데."

눈물이 주르르 흘러내렸다.

"이제 우리 여성 단체 YWCA를 새롭게 만들어서 나라를 일으키는 데 힘써야 합니다."

나는 무엇보다 해방이 되고 나니 나를 따라다니던 형사가 없어져서 맘 놓고 일을 할 수가 있어 마음이 가벼웠다.

행복한 삶을 위하여

1945년 광복 후 광주 YWCA가 다시 설립되었고, 광주수피아여고도 다시 문을 열었다. 하지만 광복의 기쁨도 잠시였다. 나라를 이끌려는 사람들의 생각이 둘로 나누어졌기 때문이다. 각각 다르게 생각하는 이 두 세력들은 1950년에 전쟁을 일으켜서 나라를 다시 엉망으로 만들었다. 전쟁이 끝나고 나서는 전쟁고아와 혼자된 여자가 많이 생겨났다. 전쟁으로 많은 사람들이, 그중에서도 전쟁터에 나가 싸운 많은 남자들이 목숨을 잃었기 때문이다.

나는 길을 지나다가 땅에서 뭔가를 주워 먹는 아이를 보았다. 가슴이 너무 아팠다.

"배고프구나! 우리 집에 가자. 밥 줄게."

나는 길에서 고아나 아기 업은 아주머니들을 보면 집으로 데리고 가서 밥을 먹였다. 나도 배가 고팠지만 그들이 배부르게 먹는 것을 보면 나 역시 덩달아 배가 부른 것 같았다.

'내가 이들을 위해 할 수 있는 일이 뭘까? 이런 일은 어떨까? 이들을 위해 먹고 잘 수 있는 곳을 마련하는 것 말이야. 나라를 위해 싸우다가 돌아가신 전사들의 아이들을 도와야 해.'

나는 그들이 밥을 먹는 것을 지켜보며 생각했다. 그러다 나는 사회 복지 사업을 벌이기로 결심했다. 나 혼자서는 필요한 돈을 감당할 수가 없어 YWCA의 도움을 받아 YWCA 회관에서 12명의 원생들과 시작하게 되었다.

간판은 '성빈여사'라고 이름 지어 달았다.

성빈여사에서 아이들을 돌보기 시작한 것은 1951년부터였는데 정식으로 간판을 내건 것은 1953년 1월이었다. 원래는 중학교 들어갈 나이의 여자아이들을 대상으로 기숙사를 마련해 그곳에서 생활하게 하고 교육을 하려 했다. 그런데 동생을 데리고 오는 아이들이 자꾸 생겨났다. 그런 아이들을 서로 헤어지지 않게 해 주려고 같이 받아들이다 보니 어린아이들과 아기들도 많아져서 나중에는 육아원이 되고 말았다. 아기들은 돌봐 주고 학교에 들어갈 나이가 된 아이들은 공부를 시켰다. 1952년에는 3년제 야간 중학교인 호남여숙을 설립했다. 이 외에도 청소년 야학인 '별빛학원', 소외당하는 여성들을 위한 '계명여사', 사회 복지 법인 '소화자매원'을 만들어 이사장을 맡아 소외 계층을 위한 복지 시설을 운영했다. 나는 유난히 여성들과 어린이, 그리고 청소년들에게 깊은 애정이 갔다.

오갈 데 없는 성인 여성들을 위해 1962년에 만든 계명여사에서는 여성들에게 용기와 희망을 주는 여러 교육 프로그램을 진행했다.

"나라를 다시 세우는 데 여성들의 힘이 중요합니다. 전쟁으로 많은 남성들이 죽었어요. 그러니 남은 우리 여성들이 힘을 합해 나라 경제를 일으켜야 할 때입니다. 우리 힘내서 함께 나라를 일으킵시다."

나는 계명여사에 모인 여성들의 결의를 다지기 위해 말했다. 자존감이 낮은 여성들에게 자신감을 심어 주고 여성의 위대함을 가르쳐 주고 싶었다.

나는 그들을 사랑으로 감싸며 낮에는 재봉틀 사용법과 자수를 가르치고 밤에는 글을 가르쳐 스스로 활동할 수 있는 길을 열어 주려고 노력했다. 계명여사의 여성들은 정해진 교육을 다 받은 후에는 사회 활동을 하면서 결혼도 하게 되었다. 하지만 모두가 행복한 결혼 생활을 이어 간 것은 아니었다. 나는 그들을 위해 1966년에 가정 법률 상담소를 열어 상담해 주었다. 1968년부터는 소비자 보호 운동에도 참여했다. 이렇게 열성적으로 복지 활동을 하게 된 것은 이 세상에 태어난 사람은 모두 행복할 권리가 있다고 생각했기 때문이다.

'나는 죽을 때까지 우리의 행복을 위해서 일할 거야. 우리는 모두 행복할 권리가 있기 때문이지.'

조아라의 흔적을 찾아서

유적지

● **소심당 조아라 기념관**

소심당 조아라 기념관은 생전에 조아라가 살았던 계명여사를 리모델링해서 만들었다.

광주광역시 남구 제중로 46번길 3-6

● **더 가 볼 만한 곳**

광주 근대역사문화마을에 가면 옛 광주수피아여고와 조아라 기념비를 볼 수 있다. 이 외에도 광주의 여러 문화재들을 접할 수 있다. 광주수피아여고는 1908년 유진벨 선교사가 설립했다. 1937년 신사 참배를 거부하고 폐교했다가, 해방 후 1945년에 다시 문을 열었다.

광주광역시 남구 천변좌로 418번길 22

약력

1912년	나주에서 태어남.
1927~31년	광주수피아여고에 재학함.
1933년	백인청년단 사건에 연루되어 구속됨.
1945~47년	건준부인회 시·도 총무를 맡음.
1947~54년	도청 부녀계장을 맡음.
1947~2003년	광주YMCA 총무·회장·명예회장을 맡음.
1962~2003년	계명여사 시설장으로 일함.
1980년	5·18 수습대책위원을 맡다가 구속됨.
1987~2003년	광주엠네스티 국민운동 전남본부 고문을 맡음.
1998~2003년	광주여성정치연맹 고문을 맡음.
2003년	91세로 세상을 떠남.

창의력 활동

소심당 조아라는 평생을 여성 운동과 민주화 운동, 인권 운동에 헌신했습니다. 조아라 선생님이 받아 보시고 기뻐하실 내용을 담아 편지로 써 보아요. 형식은 자유롭게 쓰지만 받는 사람, 편지 내용, 보내는 사람, 날짜는 염두에 두고 쓰는 게 좋답니다.

진채선

똑 부러지는 소리꾼

[전라도]

남자들만 소리 하라는 법 없어

"어머니, 저도 동리정사에 들어가서 신재효 선생님한테 판소리를 배우고 싶어요."

"여자가 무슨 판소리냐? 소리는 남자들이나 하는 거지."

"여자라고 왜 소리를 못해요? 여자가 남자들보다 더 고운 목소리를 가지고 있는데."

"그 선생이 너 같은 계집애를 받아 주시기나 한다냐?"

어머니 말이 맞긴 하다. 여자인 나를 받아 주시지 않을 게 뻔하다. 그렇지만 해 보지도 않고 물러서는 것은 옳지 않다. 이제까지 여자 소리꾼이 없는 것은 소리는 남자들만 해야 한다고 생각하는 사람들의 고정 관념 때문이다. 나는 남자들보다 소리를 더 잘 할 수 있을 것 같았다.

'내일은 동리정사에 찾아가 봐야겠어'

동리정사는 신재효 선생님이 판소리를 가르치시는 곳이라고 들었다. 신재효 선생님의 호가 '동리'라서 동리정사로 지은 것이다. 동리정사는 우리 심원면 월산리에서 그리 멀지 않은 고창군 고창읍 읍내리에 있다. 나는 전라북도 고창군 심원면 월산리에서 태어나서 그곳에서 자랐다. 우리 고장에는 소리를 잘하는 사람들이 많았다. 소리 잘하기로 알려진 신재효 선생님도 고창이 고향이시다.

나는 아침 일찍 일어나 동리정사로 찾아갔다.

"판소리를 배우고 싶습니다."

"너는 계집이 아니냐?"

신재효 선생님의 제자가 나를 삐딱하게 바라보며 말했다.

"그렇습니다. 하지만."

"안 된다. 소리는 남자가 하는 게지 어찌 계집이 한다고 나서느냐?"

제자가 딱 잘라 말했다.

"여자라고 소리를 하지 말라는 법은 없잖습니까? 소리를 배우게 해 주세요. 네?"

나는 단호하게도 말해 보고, 부탁도 해 보았다.

"뭐하느냐? 이 계집아이를 끌어내지 않고."

제자가 소리치니 어디선가 두 명의 남자가 와서 나를 끌어냈다. 나는 끌려 나오면서 여기서 물러서지 않고 다음에 또 오리라 생각했다. 이틀 뒤 또 찾아가 신재효 선생님께 직접 부탁드렸지만 또 거절당했다. 세 번째 찾아갔을 때였다. 때마침 마당에 신재효 선생님이 나와서 산책을 하고 계셨다. 선생님을 보고 반가워서 얼른 다가가 엎드려 절을 하고 머리를 조아리며 말했다.

"선생님 저도 소리를 배울 수 있게 해 주세요. 제가 비록 계집이지만 소리를 꼭 해 보는 것이 소원입니다."

"허허, 요망한 것 좀 보소. 너는 저번에 왔던 아이가 아니냐? 그래, 네가 그토록 소리를 하고 싶어 하니 소리를 좀 들어 보자꾸나."

"네? 고맙습니다. 고맙습니다."

나는 머리를 몇 번이나 조아렸다. 늘 동네 어른들 앞에서 불렀던 소리를 했다. 소리를 마치고 나서 신재효 선생님을 바라보니 선생님은 감았던 눈을 뜨면서 얼굴에 미소를 지으셨다.

"오호! 성음이 대단하구나! 놀라우이. 타고난 재주로고."

내 소리를 듣고 신재효 선생님이 말씀하셨다.

"남자들 틈에서 여자인 네가 함께 소리를 할 수 있겠느냐?"

"네, 받아 주시기만 한다면 열심히 하겠습니다. 받아 주십시오."

"네 의지가 그렇게 완고하니 한번 와서 해 보거라. 성음도 좋으니 썩히기가 아까워."

그 뒤로 나는 동리정사에 들어가게 되었는데 여자는 나 혼자였다. 그곳에 온 남자들은 하층민들과 광대들이었다. 선생님은 그들을 전문적인 판소리 인재로 만들기 위해 혹독하게 가르치고 계셨다. 어느 날, 나는 궁금하여 선생님께 여쭸다.

"선생님은 어찌하여 동리정사를 만드셨습니까?"

"내 꿈은 하층민과 광대들이 부르는 소리들을 제대로 만들어 널리 알리는 것이니라. 그리고 저들을 전문적인 판소리 인재로 길러서 내보내어 대접받고 살 수 있게 해 주는 것 또한 내 소원이란다."

"네."

"그래, 네 목에서 나오는 소리는 보물이니 잘 가꾸어서 제일가는 여자 소리꾼이 되거라. 여자 소리꾼으로서는 네가 최초구나. 그리고 타고난 목소리 가지고는 안 된다. 목에서 피가 나도록 연습을 해야 하느니라."

나는 선생님의 말씀을 가슴에 새기고 열심히 연습했다.

나는 조선 최초의 여자 소리꾼

"나는 조선 최초의 여자 소리꾼이 될 거야."

나는 독하게 마음먹고 날마다 산에 올라가 폭포가 떨어지는 곳에서 소리를 연습했다. 그러던 어느 날, 목에 통증이 생기고 목에서 피가 나왔다.

"목에서 피가? 이제 됐어. 선생님이 목에 피가 나도록 노력하면 최고의 소리꾼이 될 수 있다고 하셨어."

피를 보니 마음이 설레고 흥분이 되었다. 나는 동리정사로 달려갔다.

"선생님, 피가 났어요. 제 목에서 피가 났단 말이에요."

"웬 호들갑이냐. 때가 되면 당연하게 나는 것을. 그럼 이제 됐다. 목이 제대로 트였으니 〈심청가〉부터 제대로 해 보거라."

〈심청가〉는 선생님이 나름대로 체계적으로 이론을 만들어 정리해 놓으신 〈춘향가〉, 〈심청가〉, 〈가루지기타령〉, 〈박타령〉, 〈토끼타령〉, 〈적벽가〉 등 여섯 마당 중 하나다.

"네가 길거리에서 주워들었던 것과는 조금 다르니 다시 배운다는 생각으로 해야 한다. 우리 판소리의 조는 우조, 계면조, 평조 세 가지로 나뉜단다. 우조는 우렁찬 소리를 내는 것인데 맑고 격하고 장하고 거센 느낌이 들어야 한다. 남성적인 주인공을 표현할 때 쓰기도 하지. 계면조는 처참하게 흐느끼듯이 소리를 하는 것이니라. 슬프고 애절한 느낌을 주어야 한다. 평조는 바르고 당당하며 평화로운 느낌의 소리여야 한다. 알겠느냐? 이 세 가지 소리를 염두에 두고 소리를 해 보거라."

"네."

선생님이 정리하신 〈심청가〉는 여덟 마당으로 나뉘어 있었다. 선생님은 손수 소리를 선보이면서 여덟 마당을 이어서 하셨다. 소리를 끝내고 나서는 다시 설명을 하셨다. 첫째 마당은 곽씨 부인과 심학규 사이에서 심청이가 태어나는 장면이다. 두 번째는 곽씨 부인이 죽고 나서 심학규가 봉사의 몸으로 심청이를 혼자 젖동냥하며 키우는 장면이고, 세 번째 마당은 심청이가 커서 앞 못 보는 아버지를 봉양하는 힘든 삶을 꾸리는 장면이다. 넷째 마당은 심학규가 눈을 뜨게 해 준다는 말에 넘어가 공양미 삼백 석을 바칠 것을 약속하고 근심하는 장면, 다섯째 마당은 심청이가 공양미 삼백 석에 팔려 인당수에 빠지는 장면, 여섯째 마당은 환상적인 수중과 심청이 환생 장면이다. 일곱째는 심청이가 우여곡절 끝에 아버지를 찾기 위해 맹인 잔치를 여는 장면, 마지막 여덟째는 심청이와 아버지가 만나고 아버지가 눈을 뜨는 장면이다.

"자, 이제 해 보거라."

나는 먼저 배에 힘을 주고 소리를 냈다. 소리가 아주 부드럽게 잘 나와서 기분이 좋았다.

"자자, 그만. 첫째 마당은 심청이가 태어나는 장면이니 기쁨이 묻어나야 한다. 네 소리는 좋으나 감정이 들어 있지 않아. 다시 해 보거라."

나는 기쁨을 표현하려면 춤을 추는 듯한 느낌이 들어야 한다고 생각해 평조의 느낌을 내면서 중중몰이 장단으로 좀 빠르게 했다. 아기가 태어났으니 심청이 부모의 기쁜 감정이 들어가야 하기 때문이다. 선생님이 박수를 쳐 주셨다.

"자, 이제 됐다. 바로 그거야. 소리에 심청이가 태어나 아주 기쁜 마음이 그대로 표현되었구나. 이제 심청이가 인당수에 팔려 가는 장면이다. 어떤 조로 해야 하느냐?"

"이 대목은 슬픈 장면이니 계면조로 해야 합니다."

"그래 맞다. 그럼 어서 슬픈 목소리를 잘 살려서 해 보거라."

나는 정성을 다해 소리를 냈다. 선생님은 칭찬을 아끼지 않으며 내 등을 두드리셨다.

"그렇지! 이 부분은 참으로 슬픈 장면이니 느린 곡조를 써야 한다. 장단에서는 진양과 서정적인 중모리 장단을 써야 하는데 아주 잘했구나. 너는 하나를 가르쳐 주면 열을 아는 아이야."

나는 목의 상처가 아물지 않았는데 소리를 내니 목이 너무 아팠다.

선생님이 정리하신 판소리는 내가 전에 흥얼거렸던 것과는 조금 달랐다. 선생님이 다듬어서 고치신 것이라고 했는데 더 세련되어 보였다.

신재효 선생님은 동리정사에서 오랫동안 떠나지 않고 광대들이나 하는 것으로 괄시받았던 판소리 여섯 마당을 체계적으로 정리하고 그 표준을 정해서 제자들에게 가르쳐 전파하셨다. 선생님에게 인정을 받기까지 오랜 시간이 걸린 듯하다. 나는 이제 조선 최초의 여자 소리꾼이 된 걸까?

동편제의 명창 김세종 선생님에게서 소리를 하사받다

신재효 선생님의 수제자인 김세종 선생님은 동편제의 소리를 잘하셨다. 동편제는 음계 중 우조를 많이 쓰는 편이다. 우조는 발성을 무겁게 하며 소리의 꼬리를 짧게 끊고, 굵고 웅장하게 표현하는 곡조다. 우조의 느낌은 내 마음을 사로잡았다.

"선생님, 저도 동편제의 소리를 배우고 싶습니다."

"동편제를 잘 아느냐?"

"잘 모르지만 우조의 느낌에 끌려 배우고 싶은 마음이 들었습니다."

김세종 선생님은 동편제에 대해 자세하게 설명해 주셨다.

동편제는 섬진강을 중심으로 동쪽에 있는 남원, 운봉, 구례, 순창, 흥덕에서 주로 불리어 온 판소리다. 동편제는 특별한 기교를 부리지 않고 선천적인 목소리를 가지고 부르는 것이 특징이다. 그래서 소리꾼의 풍부한 성량이 중요하다. 기교가 적게 들어가는 대신 우렁찬 소리로 쭉쭉 뻗어야 한다.

"산천초목이 벌벌 떠는 듯한 호령조로 소리를 당당하고 웅장하게 내야 한다."

선생님은 먼저 동편제의 소리에 대해 설명하셨다.

"소리의 끝 마침은 절도 있게 해야 한다. 기교를 부리지 말고 그저 목에서 나오는 소리여야 한다. 자, 이제 〈적벽가〉를 불러 보자꾸나."

〈적벽가〉는 영웅호걸들의 파란만장한 삶을 담아서 동편제의 소리에 아주 잘 어울렸다. 〈적벽가〉에는 제왕과 제후들이 격렬하게 맞부딪히는 대목이 많아서 엄숙한 발성을 해야 한다. 〈적벽가〉에서 내가 가장 좋아하는 소리 대목은 삼고초려 장면이다. 삼고초려 장면은 한나라 말기 혼란하던 시대, 유비가 인민을 구제할 큰 뜻을 품고 뛰어난 인재를 구하려 하는 장면이다. 유비는 제갈량을 소개받게 되는데 제갈량은 유비가 찾아올 때마다 자리를 피한다. 제갈량은 유비가 세 번째 찾아온 날 여러 번 찾아오는 정성을 받아들여 유비를 돕기로 했다. 제갈량은 유비가 죽고 나서 예전에 유비가 자신을 찾아왔던 일을 회상하며 '삼고초려(三顧草廬)'라는 말을 썼다. 이는 영웅이 인재를 간곡하게 찾아다닌다는 의미로 쓰인다. 김세종 선생님은 신재효 선생님에게서 내려받은 동편제를 나에게 전수해 주셨다. 내가 소리를 하면서 신재효 선생님과 김세종 선생님을 만난 것은 커다란 행운이었다.

〈경복궁 타령〉 그리고 이별

한양에서 경복궁에 새로 만들기로 한 경회루가 다 지어져 축하 공연을 연다는 소식이 왔다. 경회루는 나라에 경사가 있거나 외국에서 사신이 왔을 때 연회를 베풀기 위해서 지은 누각이다. 신재효 선생님이 축하 공연에 초대받아 가는데 나도 데리고 가셨다. 선생님은 궁의 축하 공연에 가기 전에 미리 〈명당축원〉, 〈선조가〉, 〈경복궁 타령〉 등을 지어 주셔서 나는 미리 연습을 했다. 처음으로 궁궐을 보니 눈이 휘둥그레졌다. 선생님의 뒤를 따라 공연장으로 갔다. 공연장에는 대원군마마, 중전마마와 벼슬이 높은 사람, 궁전에서 대원군마마와 중전마마를 모시는 사람 등 많은 사람이 공연을 기다리고 있었다. 나는 가슴이 두근거려 심장이 멎을 것만 같았다.

'어떻게 이 많은 사람들 앞에서 소리를 하지?'

"채선아, 준비됐지? 이제 곧 네 차례가 될 거야. 마음을 가라앉히거라."

선생님이 내 마음을 알고 계신 듯 말씀하셨다.

"네, 하오나 두근거리는 가슴이 가라앉질 않으니 어찌하옵니까?"

"눈을 감고 심호흡을 크게 하거라. 숨을 깊이 들이마시고 길게 내뱉어 보아라."

선생님이 말씀하신 대로 해 보니 콩닥콩닥 뛰는 가슴이 가라앉았다. 두근거리는 가슴을 가라앉히고 나니 내 차례가 되었다. 나는 먼저 〈명당축원〉과 〈선조가〉를 부르고 마지막에 〈경복궁 타령〉을 불렀다.

에헤, 남문을 열고 파루를 치니 계명산천이 밝아온다

에헤 에헤 어야 얼럴럴거리고 방아로다 에헤

을축 사월 갑자일에 경복궁을 이룩일세

에헤 에헤 어야 얼럴럴거리고 방아로다 에헤

경복궁 중건에 다 들어간다

에헤 에헤 어야 얼럴럴거리고 방아로다 에헤

도편수의 거동을 봐라 먹통을 들구선 갈팡질팡한다

에헤 에헤 어야 얼럴럴거리고 방아로다 에헤

조선 여덟도 유명탄 돌은 경복궁 짓는 데 주춧돌감이로다

에헤 에헤 어야 얼럴럴거리고 방아로다 에헤

근정전을 드높게 짓고 만조 백관이 조하를 드리네

에헤 에헤 어야 얼럴럴거리고 방아로다.

 소리를 마치고 나니 큰 박수 소리가 났다. 둘러보니 대원군마마가 활짝 웃으며 박수를 치고 계셨다.

 "채선아, 아주 잘했다. 대원군마마도 아주 흡족해하시고 계셔."

 "이 모두가 선생님 덕분이옵니다."

공연을 다 마치고 선생님을 따라 궁을 나서려는데 대원군마마가 선생님을 부르셨다.

"저 아이는 여자아이가 아니더냐? 여자아이가 소리하는 것은 내 처음 보느니라. 내가 저 아이를 곁에 두고 소리를 듣고 싶으니 저 아이를 궁에 그냥 두고 가거라."

"네? 저, 저 아이는 아직 부족한 게 많아서 데리고 가서 더 가르쳐서 오겠습니다."

"아니다. 그냥 두고 가거라."

선생님과 대원군마마와의 대화 소리를 듣고 가슴이 터질 듯 두근거렸다.

'내가 이 궁에서 무엇을 하며 지낸단 말인가? 소리를 제대로 할 수나 있을까?'

선생님이 나에게 다가오셨다.

"채선아, 너는 여기 남아야겠다. 네가 소리를 잘해서 대원군마마께서 자주 듣고 싶다고 하시는구나. 기뻐하거라. 이제 네 소리를 인정받은 게야. 이 스승보다 더 나은 제자가 되거라."

"네, 선생님. 선생님 얼굴에 먹칠하지 않도록 열심히 하겠습니다."

"나는 먼저 가서 기다리고 있겠다."

"네, 선생님. 저도 곧 고향으로 가겠습니다. 조심해서 살펴 가세요."

선생님의 뒷모습을 보니 어깨에 힘이 빠지고 쓸쓸해 보였다. 눈물이 뺨을 타고 흘러내렸다. 선생님이 가고 나자 대원군마마가 내관을 부르셨다.

"이 아이가 머무를 처소를 준비해 주고 소리를 연습하도록 배려를 해 주거라."

내관은 나를 힐끔 쳐다보고 종종걸음으로 사라졌다. 대원군마마가 또 다시 궁녀를 부르셨다.

"이 아이를 씻기고 새 옷을 내어 주거라."

궁녀는 나를 목욕하는 곳으로 안내했다.

"씻고 있거라. 내 새 옷을 준비해 가지고 올 터이니."

"네."

나는 목욕을 마치고 내관이 만들어 준 내 처소로 들어갔다. 그리고 이튿날부터 궁에서 향연을 베풀거나 축하 공연이 있을 때는 모두 참석하여 소리를 했다. 그동안 선생님에게서 배운 것을 맘껏 뽐낼 기회라고 생각해서 더욱더 열창했다.

공연장에서 소리를 하느라 한동안 고향을 잊고 지내고 있는데 공연장에서 신재효 선생님의 또 다른 제자를 만났다.

"여기서 고향 사람을 만나다니 참으로 반갑네요. 선생님은 안녕하신지요?"

"선생님은……."

제자가 말을 하다가 멈칫했다.

"선생님께 무슨 일이라도 생기셨나요?"

"선생님은 얼마 전에 돌아가셨습니다."

"네?"

"진채선, 당신을 기다리며 지내시다 그만……."

"네? 선생님께서 돌아가셨단 말씀이신가요? 언제요? 미리 찾아뵈었어야 하는데 죄송해요, 선생님. 흑흑흑."

선생님이 먼저 돌아가서 기다리겠다고 했는데 나는 그걸 까마득하게 잊고 있었다. 한 번이라도 고향으로 선생님을 만나러 갔어야 했는데 죄책감이 들었다. 나는 곧바로 고향을 찾았다. 제자가 나를 맞이해 주며 말했다.

"신재효 선생님께서 당신을 그리워하며 지으신 노래입니다. 고향에 오시면 제가 꼭 전해 드리려고 기다리고 있었습니다."

"선생님이 저를요?"

"네, 한번 보시지요."

제자가 종이를 내밀었다.

〈도리화가〉

스물네 번 바람 불어 만화방창 봄이 되니
구경 가세 구경 가세 도리화 구경 가세
도화는 곱게 붉고 희도 흴사 외얏 꽃이
향기 쫓는 세요충은 젓대 북이 따라가고
보기 좋은 범나비는 너픈 너픈 날아든다.

붉은 꽃이 빛을 믿고 흰꽃을 조롱하여

풍전의 반만 웃고 향인하여 자랑하니

요요하고 작작하여 그아니 경일런가

꽃 가운데 꽃이 피니 그 꽃이 무슨 꽃인고

웃음 웃고 말을 하니 수령궁의 해어환가.

    나는 읽어 내리는 것을 멈추었다. 목이 메 소리가 나오지 않았다.
    "선생님, 빨리 찾아뵙지 못해서 죄송해요. 흑흑, 선생님 죄송해요. 제가 좀 더 빨리 돌아왔어야 하는데. 제가 선생님의 뒤를 이어 선생님의 뜻을 이어 가겠습니다. 흑흑흑."
    나는 한양으로 가지 않고 고향에 남아 남녀노소를 따지지 않고 소리를 하고 싶은 사람들에게 소리를 가르치면서 살기로 다짐했다. 소리에 대한 선생님의 가르침을 널리 전파하면서 살아가는 삶을 사는 게 선생님께 보답하는 길이라 생각했다.

진채선의 흔적을 찾아서

유적지

↑ 진채선 생가 터
전북 고창군 심원면 월등길 70-1

↑ 고창 판소리 박물관
전북 고창군 고창읍 동리로 100

지금 진채선 생가는 사라지고 생가 터만 남아 있다. 고창 판소리 박물관은 판소리의 이론가이자 개작자, 후원가였던 동리 신재효 및 진채선, 김소희 등 다수의 명창을 기념하고 판소리 전통을 계승 발전시키기 위하여 동리 신재효 선생의 고택 자리에 문을 열었다.

약력

1847년(헌종 13년) 전북 고창에서 태어났고 한국 최초의 여성 판소리 명창이다. 음률과 가무에 능했으며 신재효에게서 판소리를 익혀 명창이 되었다.
1867년 경회루 낙성연에서 뛰어난 기예를 보여 대원군의 총애를 받았다.
<춘향가>, <심청가>를 잘 불렀으며 동편제의 '기생점고' 대목이 뛰어났으며 신재효의 <도리화가> 속 주인공이기도 하다.

창의력 활동

진채선 이야기를 바탕으로 이야기시를 지어 보고 시화를 멋지게 그려 보아요. 시는 산문과는 달리 노래하듯 운율을 살려야 하고 비유가 들어가야 합니다. 운율을 살리는 방법이 어려우면 반복법을 사용해 보세요.

해녀 독립운동가

부춘화

여자가 자랑스러워

우리 제주에서는 딸을 낳으면 돼지를 잡아 동네잔치를 하고 아들을 낳으면 엉덩이를 때려 준다는 말이 있다. 여자들이 주로 물질을 해서 돈 버는 일을 도맡아 했기 때문이다. 내가 태어나던 날도 돼지를 잡아 큰 잔치를 벌였다고 엄마가 말해 줬다. 원래는 여자와 남자가 다 같이 바닷속에 들어가 물질을 했다. 조선 시대 때 제주로 발령받아 온 목사가 남녀가 함께 물에 들어가는 것을 금지한 이후로 여자들이 물질을 도맡아하게 되었다. 조선 인조 때

목사가 길을 가다가 남녀가 어울려 바다에서 물질하는 것을 보았다.

"남녀가 어울려 바다에서 조업하는 것을 금하라. 아주 흉측해서 볼 수가 없구나."

목사는 남자들이 물질하는 것에 대해 금지령을 내렸다.

나는 일곱 살이 되었을 때 엄마가 만들어 준 물소중이를 입고 물에 가서 놀기 시작했다. 먼저 바다에서 놀면서 자연스럽게 물과 친해지기 위해서였다.

"춘화야, 이제 너도 일곱 살이 되었으니 이 옷 입고 물에 나가 수영 연습을 하자꾸나."

엄마가 물소중이를 입혀 주며 말했다. 물소중이는 여자들이 태어나서 엄마에게서 받는 특별한 선물이기도 했다. 모양은 위와 아래가 붙어 있고 어깨 걸개 끈이 달려 있다. 젖은 옷을 수시로 갈아입으며 작업을 해야 하기 때문에 입고 벗기에 편하게 만든 것이다.

엄마는 나에게 물소중이를 입혀 주고 나서 물허벅을 등에 메고 망사리를 어깨에 걸쳤다. 나에게는 전복을 딸 때 쓰는 빗창과 엄마가 잠수를 하다가 물 위로 올라와 가슴에 품고 쉴 수 있는 테왁을 들려 주었다. 테왁은 엄마가 박의 속을 빼서 만든 것인데 나는 가슴에 안고 갔다.

"그 테왁은 물에 들어가서 수영 연습할 때 쓰거라. 물속에 들어가 테왁을 가슴에 받치고 있으면 몸이 저절로 뜬단다."

"근데 물질하러 가는데 물허벅은 왜 가지고 가요?"

"오면서 물을 길어 와야지."

나는 엄마가 천하장사같이 보였다.

나는 엄마가 만들어 준 물소중이를 입고 날마다 엄마를 따라 바다로 나가 친구들과 얕은 물에서 놀면서 헤엄치는 연습을 했다. 바다로 나가면 친구들이 많았다. 친구들도 바다와 친해지기 위해 엄마를 따라 나온 것이다. 우리는 시합을 하면서 서로 지지 않으려고 안간힘을 쓰며 물살을 가르며 헤엄쳤다. 이렇게 날마다 친구들과 수영 연습을 하고 서로 시합을 하다 보니 점점 수영 실력이 늘어 갔다.

나는 열두 살이 되었을 때 엄마한테서 두렁박을 받아 바다 얕은 데서 깊은 데로 헤엄쳐 들어가는 연습을 하기 시작했다. 엄마는 내가 깊은 데로 헤엄쳐 들어가기 시작하자 숨비소리 내는 방법을 알려 주었다.

"춘화야, 따라 해 봐. 휘오이~ 휘오이~"

엄마가 먼저 숨비소리를 냈다. 마치 휘파람 소리 같았다. 숨비소리를 내려면 숨을 크게 들이마셨다가 오랫동안 숨을 참아야 했다. 나는 숨을 깊이 들이마시고 물속에 들어가 숨을 참았다가 물 위로 올라와 숨을 내뱉어 보았다. 처음에는 물속에 들어갔다가 금방 나올 수밖에 없었는데 연습을 하다 보니 물속에서 점점 오래 머무를 수 있게 되었다. 물속에 얼마나 오래 있느냐에 따라 그날 수확하는 해산물의 양이 판가름 났다. 물속에 오래 있어야 더 많은 해산물을 잡을 수 있기 때문이다. 숨비소리는 생명의 소리 같았다.

나는 열다섯 살이 되자 숨비소리 내는 방법을 잘 알게 되었고 바닷속에서 전복 따는 방법과 물고기를 잡는 방법도 익혔다. 잡히는 해산물들은 달마다 달랐다. 6~7월에는 조수 간만의 차가 심해서 다른 때에는 잡기 어려운 소라, 보말, 오분제기를 잡는다. 이 시기에는 귀한 물고기들도 많이 잡혀서 횃불을 밝히고 야간까지 물질을 할 때가 많다. 그리고 8월, 9월에는 낚시로 옥돔을 잡는다. 이 옥돔은 제주에서만 잡히는 물고기라서 육지 사람들은 귀하게 여겼다. 어느 때는 테우를 이용해 먼 바다까지 물질을 나가기도 했다. 테우는 뗏목과 비슷하게 생긴 것인데 테우를 타고 나가는 날에는 살아 있는 산호들과 노랑색 돌돔, 복어, 쥐치, 해삼, 소라, 전복 등을 잡거나 미역, 우뭇가사리, 톳 같은 해초를 잔뜩 채취해서 돌아온다. 무엇을 채취하느냐는 그날 바다 사정에 따라 조금씩 달랐다. 많이 잡는 날에는 돌담을 둘러쳐 불을 피울 수 있게 한 불턱에 들어가 소라와 물고기를 구워 먹으며 푹 쉬기도 했다.

해산물을 보호해야 해

"사람은 아는 만큼 보인다고 했어. 우리 해산물을 지키려면 많이 알고 똑똑해져야 해."

낮에 물질을 하고 밤에 야학을 하느라 힘들었지만 나는 쉬는 시간을 그냥 흘려보내는 것이 아까웠다. 물질을 하고 나와서 불턱에서 몸을 말리며 쉴 때도 책을 보았다. 우리 동네 불턱은 돌, 흙, 나무, 띠 등을 이용해 지은 초가집 모양인데 안이 매우 훈훈해서 물질 나갔던 아주머니들이 들어와 한숨씩 잠을 자면서 피로를 풀었다.

"공부를 해서 뭐하니? 써먹지도 못하는데. 제주에서 여자로 태어나면 평생 물질이나 하면서 살아야 하는데 말이야."

한 아주머니가 내가 책을 보는 것을 보고 말했다.

"하나라도 더 알아야 일본 사람들한테서 우리 해산물을 지킬 수 있지요. 우리가 저 일본 사람들 때문에 힘들게 일하고도 불이익을 당하고 있잖아요. 빨리 나라를 되찾아야 해요. 그래서 우리가 채취한 해산물 값을 제값에 받아야 해요."

나는 야학 선생님들한테서 일본이 우리 해녀들이 어렵게 채취한 해산물을 부당한 방법으로 빼앗아 가다시피 한다는 것을 들었다.

"아이구, 망할 놈들, 벼룩의 간을 빼 먹지."

또 한 아주머니가 불턱으로 들어오면서 말했다.

"왜요? 무슨 일 있어요?"

"아 글쎄, 객주와 일본인 전주들이 우리가 채취한 해산물 값을 4할이나 깎기로 했다지 뭐요? 그걸 규칙으로 정해 놨다고 합디다."

우리에게 돈을 빌려주는 전주가 또 억지를 부린 모양이다.

"그게 참말인가? 객주는 타향살이하는 사람들을 상대로 돈을 받고 장사를 하니 돈을 버는 게고, 전주는 장사꾼들과 우리 해녀들에게 돈을 빌려주고 이자를 많이 받아가서 돈을 많이 버는데 무슨 돈을 또 뜯어 가려고 그러는지."

"그것도 모자라 우리가 힘들게 따 온 해산물까지 싸게 사 가려 들어? 도둑놈 심보로고. 우리가 이러고 있을 때가 아닌 것 같아요."

아주머니들이 열을 내며 한마디씩 했다. 일본인들은 우리 해녀들이 힘들게 채취한 해산물들을 제값을 주지 않고 사 가면서 저울을 달 때 눈속임도 썼다. 나는 아주머니들의 이야기를 듣고 있자니 화가 치밀어 올랐다.

"아이구! 이놈의 웬수야."

밖에서 이웃 아주머니의 목소리가 들리자 몇몇 아주머니들이 나갔다. 나도 슬그머니 따라 나갔다. 이웃 아주머니가 남편인 아저씨의 멱살을 잡고 흔들고 있었다. 우리 엄마와 몇몇 아주머니들이 달려가 말렸다.

"왜 그러우?"

"글쎄 이 사람이 객주와 전주의 꼬임에 넘어가 내가 채취해 온 해물을 그들에게 모두 넘겨주고 말았지 뭐유."

"에궁, 서방들은 말썽 안 부리고 집안 살림만 잘해 주면 최고인데 어쩌다가!"

"세상 물정 모르는 서방들이 무슨 잘못이 있겠소? 모두 그 일본놈과 한 패거리인 객주와 일본놈 전주가 사기를 쳐서 그 꼬임에 넘어간 거지."

우리 동네 해녀 중에서는 제주를 떠나 먼 곳에서 물질을 해 오는 해녀도 있었다. 멀리 나가려면 생활비가 필요했는데 그중에는 형편이 좋지 않아 객주와 일본인 전주에게 돈을 빌려 가야 하는 사람도 많았다. 객주와 일본인 전주들은 해녀들의 그러한 사정을 악용해서 해녀들에게 사기를 치기도 했다. 객주와 일본인 전주들과 손을 잡고 교묘한 방법으로 해녀들을 꾀어서 비싼 이자로 돈을 빌려주고는 모자라는 돈은 해녀들이 채취해 온 해산물로 변상하게 했다. 이렇게 하다 보니 해녀들이 바다 멀리에서 죽음과 씨름하면서 채취해 온 해산물이 악덕 객주와 전주들의 차지가 되었다. 나는 우리 해녀들이 매번 당하는 모습을 지켜보면서 대책을 세워야겠다고 생각하며 이를 악물었다.

해녀 궐기 대회

제주가 아닌 다른 지역 바다에서 물질을 하는 해녀들은 그 지역 도매상들에게 피해를 입기도 했다. 다른 지역 바다로 간 해녀들은 지방 도매상의 무리한 수단과 간계에 넘어가 힘들게 물질해서 채취한 해산물들 가운데 거의 반은 빼앗기다시피 했다. 그러다 해녀들은 오히려 도매상들에게 빚을 지게 되었다. 도매상들에게 해마다 빚만 지게 된 해녀들은 지방에 갇혀서 꼼짝 못하는 경우도 있었다. 그들은 제주도에서 편지가 오기만을 기다리며 눈물을 흘렸다.

이처럼 해녀들이 여러 어려움을 겪으며 막막해 하고 있을 때 좋은 소식이 들려왔다.

"해녀 조합을 설립할 예정이니 모든 해녀들은 해녀 조합에 가입해 주시기 바랍니다."

도청에서 해녀 조합을 설립한다는 소식이었다. 우리는 좋아서 서로 부둥켜안고 울었다.

"죽으라는 법은 없어. 이제 살길이 생긴 거야."

해녀 조합이 생기고 나서 우리 해녀들은 지방에서 훨씬 편하게 지낼 수 있었고 지방 사람들에게도 대우를 받게 되었다. 공동 판매 금액도 해마다 늘어나 우리 해녀들의 수익이 늘어났다. 그러자 부산과 울산 등에서도 지방 어업 조합을 만들어 제주에서 조업을 나온 해녀들을 지방 조합에 강제로 가입시켰다. 가입하지 않으면 아예 해산물을 채취하지 못하게 했다.

알고 보니 여러 가지로 우리 해녀들의 일을 방해하는 배후에는 일본인이 끼어 있었다. 이를 알게 된 나는 참을 수가 없었다. 나는 해녀들이 함께 힘을 합쳐 항의하자고 제안했다.

"이제부터 우리 제주 해녀 조합이 강해져야 해요. 우리 조합이 똘똘 뭉치면 일본 사람들이 우리를 함부로 하지 못할 거예요."

"저도 동의합니다. 우리 해녀들이 살길은 우리 해산물들을 지키는 거예요."

"옳아요. 우리 해녀들은 우리 해산물의 이익에 대한 권위를 가져야 해요. 우리의 권리와 이익을 위해 물러나지 말고 함께 맞섭시다."

그런가 하면 1926년부터 경상남도 주민들이 바다에 대한 자기들의 권리를 주장하며 제주 해녀로부터 받는 입어료를 전보다 2배~10배로 올렸다. 입어료는 다른 지방에서 사는 사람이 와서 해산물을 채취할 때 내도록 하는 돈을 말한다. 이 일은 제주 해녀에게 큰 피해를 입혔다. 제주 해녀 조합은 이를 해결하기 위해 총독부 수산국과 경상남도 수산과에 진정서를 냈다. 하지만 1년이 넘도록 아무 조치가 없어서 우리 제주 해녀들은 더욱더 형편이 어렵게 되었다.

그런데 경상남도 주민들이 입어료를 올린 데에도 일본인이 영향을 미친 사실이 드러났다. 그러면서 일본인 관리들은 일본인에게만 말도 안 되는 싼 가격에 해산물을 구입해 갈 수 있도록 특혜를 주었다. 우리 해녀들은 문제는 해결할 생각은 않고 일본인들에 대한 특혜만 챙기려는 일본인 관리들에 맞서 해녀 궐기 대회를 열기로 했다. 우리는 날마다 모여서 〈해녀의 노래〉를 부르며 궐기 대회를 열었다.

1. 우리들은 제주도의 가엾은 해녀들. 비참한 살림살이 세상이 안다. 추운 날 무더운 날 비가 오는 날에도 저 바다 물결 위에 시달리는 몸.
2. 아침 일찍 집을 떠나 황혼 되면 돌아와 어린아이 젖 먹이며 저녁밥 짓는다. 하루 종일 해 봤으나 버는 것은 기가 막혀 살자 하니 한숨으로 잠 못 이룬다.
3. 이른 봄 고향산천 부모형제 이별하고 온 가족 생명줄을 등에다 지어 파도 세고 무서운 저 바다를 건너서 기울산 대마도로 돈벌이 간다.
4. 배움 없는 우리 해녀 가는 곳마다 저놈들은 착취기관 설치 해놓고 우리들의 피와 땀을 착취 해간다 가이없는 우리 해녀 어데로 갈까?

제주 해녀들은 낮이나 밤이나 이 노래를 부르며 마음을 다독이며 더 좋은 미래를 위해 열심히 살아갔다.

제주 해녀 항쟁

나는 제주 해녀 조합장을 맡은 1931년에서부터 1932년에 걸쳐 제주 해녀 항쟁을 이끌어 나갔다. 우리 해녀들은 우리의 삶을 짓밟는 일본인 관리들의 횡포를 더 이상 참을 수가 없었다. 우리는 생존권을 보장받을 때까지 항의를 계속해 나가기로 했다. 항의 끝에 경남 지방 일본인 관리들과 부산 지방 일본인 관리들과는 합의했지만 내용이 그리 마음에 들지는 않았다.

1932년 1월 7일에 제주도 도지사가 제주도 구좌면 세화리를 지나간다는 소문이 들려왔다. 나는 동료 김옥련, 부덕량에게 연락해 구좌면 세화리를 중심으로 한 이웃 자연 부락별로 조직된 해녀 1천여 명을 소집시켜 해녀복을 입고 무장을 하도록 했다. 우리 해녀 조합원들은 시장에서 기다리고 있다가 세화리 시장을 지나가는 도지사의 행차를 가로막고 해녀의 '권익 옹호와 주권 회복'를 외치고 〈해녀의 노래〉를 합창했다. 권리를 되찾으려는 우리 해녀들의 강한 의지에 놀란 도지사는 도망가고 말았다.

우리는 우리 해녀들을 연약한 여성으로 보고 무시하며 악독한 행위를 일삼는 일본인 관리들에게 굴하지 않기로 했다. 우리는 독립운동에도 참여했다. 일본인들과 합의하기보다는 일본인들을 우리나라에서 아예 내쫓아야 한다고 생각했다.

눈보라 치는 1932년 1월에는 제주의 하도, 종달, 세화, 우도, 시흥, 오도리 지역에서도 해녀 1천여 명이 일본 항쟁을 위해 불꽃처럼 일어났다. 그들은 모두 제주 항일 투쟁에 앞장선 해녀들이었다.

제주 해녀 항쟁에는 많은 제주 도민들도 함께 참여했다. 일제의 수탈을 견디다 못해 우리 해녀들과 그 가족들이 항일 의지를 가지고 목숨을 걸고 모두 나온 것이다. 항쟁 이후 나는 김옥련, 부덕량과 체포되어, 항쟁의 배후를 알아낸다는 이유로 모진 고문을 당했다.

우리가 저항 운동을 벌이기 시작하자 일본인 관리들은 해녀 항일 운동이 커지는 것을 빠르게 막아야 한다며 목포 응원 경찰대까지 동원했다. 그래서 1932년 1월 26일 항일 운동 사건 연루자 100여 명이 붙잡혀 들어갔다. 나는 이를 해결하기 위해 해녀들을 모아 검속 경관대를 습격해 무장 경관대에 격렬하게 투쟁했다.

"우리들의 진정서에 아무런 회답이 없는 것은 무슨 까닭이냐? 우리를 착취하는 일본 상인들을 몰아내라! 해녀 조합은 해녀의 권익을 옹호하라!"

"우리들의 요구에 칼로써 대응하면 우리는 죽음으로 대응한다!"

우리는 구호를 외치며 맞섰다. 하지만 결국 버티지 못하고 모두 잡히고 말았다. 나는 우리 해녀들의 희생을 하나라도 줄이기 위해 모든 것을 나 자신이 단독으로 주도했다고 자수했다. 나는 전라남도 경찰부 순사들이 철수하는 경비선으로 목포 유치장으로 끌려가 여섯 달 동안 모진 고문을 받고 1932

년 7월에 미결수로 석방되었다.

내가 석방된 뒤에도 일본 경찰이 계속 감시하고 미행하는 탓에 나는 1933년 1월 일본 오사카에 살고 있는 사촌 언니 집으로 피신했다. 일본인들이 더욱더 악독해져서 할 수 없이 그곳에서 7여 년 동안 가내 공업을 하면서 다시 나설 기회를 엿보면서 살았다. 날이 갈수록 일본인들의 횡포가 기승을 부려서 쉽게 나서기가 어려웠다.

"두고 봐라 이놈들아! 아직 내가 꼭 해야 할 일이 남아 있어서 후퇴하지만 내가 다시 돌아가는 날엔 너희들은 내 손에 죽을 줄 알아라."

나는 일본인들의 동태를 살피러 잠시 귀향했다가 같은 뜻을 품고 있는 고한일과 결혼했다. 결혼 후 나는 남편과 함께 다시 오사카로 돌아가 오사카에 있는 한국 여성들의 계몽에 앞장섰다. 그리고 광복 뒤 1946년 7월에 귀국해 고향 세화리로 돌아와 부녀회장을 맡아 일하면서 해녀들의 권리와 이익을 위해 힘쓰며 살았다.

부춘화의 흔적을 찾아서

유적지

● **해녀 박물관**

해녀 박물관은 세계에서 유일한 제주 해녀 문화를 중심으로 해양, 어촌, 민속, 어업 등에 관한 자료를 전시해 놓았다. 일제 강점기에 항일 운동의 정신을 비롯한 해녀 문화를 새롭게 평가하기도 한 새로운 교육의 장이기도 하다.

제주특별자치도 제주시 구좌읍 해녀박물관길 26

● **더 가 볼 만한 곳**

제주 해녀 항일 운동 기념탑은 제주 해녀들의 숭고한 항일 정신을 널리 알리기 위해 건립되었다. 탑은 선열들의 자주 독립 정신을 바탕으로 후세들에게 올바른 역사의식과 애국, 애향 정신 함양을 위한 역사의 산 교육장으로 활용되고 있다.

제주특별자치도 제주시 구좌읍 하종로 120

약력

1908년	구좌면 하도리에서 태어남.
1922년	해녀 생활을 시작함.
1927년	하도리 야학소에서 세화리 출신 부대현과 함께 공부 시작함.
1928년	제주도 해녀 조합 산하 조직인 구좌면 해녀 조합 대표로 선임됨.
1931년	해녀들이 수확한 감태와 전복값을 일본인들이 관리하는 해녀조합에서 터무니없이 싼 가격에 매수하려는 것에 반발하여 앞장서서 투쟁에 나섬.
1932년	1월 7일과 12일 해녀 조합에 대한 부당한 침탈 행위를 규탄하는 시위를 주도하고 도사 전구정회와 담판을 벌여 요구 조건을 해결함. 1월 26일 제주도 민족운동가의 검거를 저지하려다 체포되어 3개월 정도의 옥고를 치름.
1946년	광복 후부터는 고향에 들어와 부녀회장 일을 맡아 해녀들의 권익을 위해 일함.
1995년	해녀들의 권리와 이익을 위해 힘쓰며 살아오다 세상을 떠남.
2003년	정부가 부춘화의 공훈을 기리어 건국포장을 줌.

창의력 활동

부춘화 이야기를 읽고 책에서 얻은 정보나, 직접 제주 해녀 박물관 답사를 통해 얻은 정보를 가지고 신문을 만들어 보아요. 신문을 만들기 전에 신문의 구성 요소를 생각해 보기로 해요. 신문에는 기사, 만화, 사진, 광고, 사설이 기본 구성 요소입니다. 이를 바탕으로 신문 지면을 자유롭게 꾸며서 신문을 완성해 보아요. 신문의 지면은 정치, 경제, 문화, 스포츠 등이 있지만 지면은 창의적인 생각으로 자유롭게 꾸며 보세요.

제주의 어머니 김만덕

[제주도]

신분을 되찾고 말 테야

'아니! 내가 기생이 되다니. 내가 집안에 누를 끼치고 말았구나. 꼭 신분을 되찾고 말 테야.'

만덕은 열한 살이 되던 해 나이 든 기생의 수양딸로 들어갔다. 전염병으로 부모를 잃었기 때문이다.

만덕은 1739년(영조 15년) 제주 현에서 양인인 김응열의 외동딸로 태어나

유년을 다복하게 보냈다. 위로 만석, 만재 두 오빠가 있어 오빠들의 귀여움도 독차지했다.

그런데 부모를 여의고 만덕이 갈 곳이 없어지자 오빠들은 만덕이를 두고 고민했다. 만덕이를 보살펴야 마땅한 일이지만 그럴 처지가 못 되었다.

"만덕아, 미안하구나. 오빠들이 보살펴 주어야 하는데."

"걱정 마세요, 오라버니들. 집안에 누가 되지 않도록 잘 살게요."

만덕은 떠나는 날, 오빠들과 작별 인사를 나눴다.

기생이 된 만덕은 시를 짓고 노래와 춤을 익히는 데 전념했다. 만덕은 모든 일에 최선을 다하는 성품이라서 기생으로서 갖추어야 할 도리를 성실하게 익혀 갔다. 지혜롭고 재치가 있어 윗사람들에게 인정도 받았다. 그렇게 하다 보니 만덕은 어느새 제주에서 유명한 기생이 되었다.

하지만 만덕은 항상 마음이 편하지 않았다. 세월이 갈수록 갈등에 시달렸다. 자신이 천한 기생이 되어 집안에 누를 끼쳤다는 죄책감 때문이었다.

만덕은 비록 기생으로 살아가고 있었지만 스스로를 기생이라 여기지는 않았다. 그래서 틈만 나면 양인의 신분을 되찾으려는 방법을 생각했다.

만덕이 살았던 시대에는 한 번 기생이 되면 다시 예전 신분을 되찾기가 어려웠다. 그럼에도 불구하고 만덕은 자신의 원래 신분으로 되돌아가기 위해 노력했다. 제주 목사에게도 여러 번 찾아가 사정했다.

"제가 제주를 위해 큰일을 할 터이니 양인 신분을 되찾게 해 주세요. 간절히 부탁드립니다."

"어허! 또 그 소리냐? 벌써 네 번째로구나."

"목사 어르신! 힘 좀 써 주세요. 어르신! 꼭 좀 부탁드립니다."

"자네의 소망이 그렇게도 간절한지 몰랐네. 한두 번도 아니고 이렇게 여러 번 와서 사정을 하는 것을 보니 말일세. 내가 한번 힘을 써 보겠네."

"목사 어르신, 고맙습니다. 제가 그 은공 잊지 않겠사옵니다."

제주 목사는 만덕과 친하게 지내면서 만덕의 성품이 남다르다는 것을 알게 되었다. 만덕은 의리도 있고 속이 깊은 사람이었다. 그리고 선한 일도 많이 베풀었다. 제주 목사는 만덕에 대해 세밀하게 평가해 보고자 만덕에 대한 소문에 귀 기울였다.

"만덕이는 법 없이도 살 사람이여."

"나는 만덕이 덕에 죽을 목숨을 건졌구먼."

"만덕이 덕에 우리 아이들을 배불리 먹일 수 있었지. 참 고마운 사람이여."

제주 백성들은 모두 만덕을 칭찬했다. 그러나 제주 목사가 보기에 만덕이 많은 선행을 행하긴 했지만 신분을 양인으로 올려 줄 만큼 큰 공을 세우지는 못했다. 그래도 제주 목사는 만덕의 인성으로 보아 기생 신분에서 풀어 주면 제주를 위해 큰일을 할 인물이라고 믿었다. 결국 제주 목사는 만덕의 신분을 양인으로 올려 주기로 결정했다.

"나라에 큰 공을 세우진 못했지만 딱한 처지에 있는 백성들에게 아낌없이 선행을 베푼 것을 고려하여 양인으로 신분을 올려 주기로 했다네. 그러니 앞으로도 지금처럼 선하게 살아가게나."

"네, 알겠습니다. 목사 어르신, 이 은혜는 꼭 잊지 않겠습니다."

만덕은 기뻐서 눈물이 났다.

조선 시대에 신분이 올라가는 경우들이 간혹 있기는 했다. 국가에서 인정하는 공을 세우면 왕실은 그 사람의 신분을 올려 주었다. 기생은 관아 소속의 재산과 같은 존재였기에 관아에서 순순하게 놓아 주지 않았다. 그래서 기생이 된 여자들은 자포자기하고 살아야만 했다. 그러나 만덕은 기생이 되어서도 자신의 삶을 포기하지 않고 주어진 일을 열심히 하며 살았다. 그리고 마을을 위해 좋은 일도 많이 하며 살아온 덕에 자신의 운명을 바꾸게 되었다.

부자 상인이 되다

만덕이 기생 신분에서 해방되었을 때 나이는 스물세 살이었다.

'이제 자유의 몸이 되었으니 해야 할 일을 찾아보아야겠네.'

만덕은 그동안 모아 놓은 돈을 다 꺼내 보았다.

'이것으로 무얼 하면 좋을까?'

만덕은 가만히 생각하다가 장터로 나갔다. 장 안에서는 많은 상인들이 보따리를 풀고 장사 준비를 하고 있었다.

"이 채를 팔면 얼마나 남나요?"

"이윤이 얼마 남지는 않는데 입에 풀칠은 한다오."

만덕은 돌아다니며 장사꾼들에게 물었다.

"여자가 재수 없게 물건을 팔기도 전에 말을 걸어. 퉤퉤!"

한 남자 상인이 만덕이 물건에 대하여 물어보자 눈을 부라리며 말했다. 만덕이 장터를 돌아다니며 만난 상인들 중에는 별의별 사람들이 다 있었다.

만덕은 점심때가 되어 점심을 먹으려고 객주에 들렀다.

"여기 국밥 한 그릇 주세요."

"혼자 오셨수?"

"그렇수다."

만덕은 국밥이 나오는 동안 객주를 둘러보았다. 그리고 희망을 가졌다.

'그래, 객주를 차리는 거야. 이 돈이면 차릴 수 있을 거야.'

국밥을 맛있게 먹고 일어선 만덕은 객주를 차릴 장소를 알아보러 다녔다. 마땅한 자리를 찾아낸 만덕은 곧 객주를 차렸다.

기생들이 기생 신분에서 벗어나고 싶을 때에는 대부분 양반의 소실로 들어갔다. 그러나 만덕은 그 길을 택하지 않았다. 만덕은 누구의 보호를 받으며 삶을 살아가는 것보다는 스스로 운명을 개척하려는 의지가 강했다.

만덕은 죽을 때까지 혼자 살면서 자신의 인격을 존중하며, 긍지를 가지고 스스로의 품위를 지켜 가기로 마음먹었다.

만덕은 객주를 잘 꾸려 갔다. 돈을 많이 벌어 객주를 더 크게 늘리고 무역도 해서 돈을 더 벌었다. 만덕은 녹용, 귤, 미역, 전복 등 제주 특산품과 제주에서 필요한 물건을 잘 헤아려 다양한 물건을 취급했다.

"만덕이가 재물을 모두 쓸어 모은다는군."

"그 처자는 장사하는 재주가 아주 뛰어나."

만덕은 비싼 물건과 싼 물건을 잘 헤아려 싼 물건은 쌓아 두었다가 비쌀 때 팔고, 비싼 물건은 내놓고 팔았다. 이런 방법으로 장사를 하니 이득을 많이 보아 만덕의 재산은 날로 늘어났다. 어느덧 만덕은 부자로 소문이 났다.

만덕은 관가 사람들을 설득해 물품 거래를 시작하기도 하고, 배에 물건을 싣고 다니며 파는 장사들의 물품을 독자적으로 거래하는 등 포구의 상품을 사고파는 것을 독점했다. 제주는 섬이라서 포구가 많은 터라 만덕은 포구를 적극적으로 활용해 장사했다. 이렇게 만덕이 장사를 열심히 하며 돈을 많이 벌고 있을 때 제주에서는 계속 흉년이 들고 있었다.

굶주리는 사람들

이어지는 흉년으로 제주 백성 중에서는 굶주려 죽는 사람이 늘고 있었다. 왕은 특별 어사를 보내 제주의 사정을 살폈다. 하지만 유능한 관리를 선출해 목사로 보내도 소용이 없었다. 의욕을 가지고 부임해 온 관리들은 시간이 갈수록 지쳐 갔다.

흉년이 계속되어 제주 백성이 큰 위기에 처해 있을 때였다. 목사와 관리들은 굶어 죽은 제주 백성들의 숫자도 파악하지 못하고 있었다. 육지에서 옮겨 온 곡식과 환곡은 장부에 제대로 정리하지도 않은 채 마구 나눠 주었다. 환곡이란 창고에 저장했다가 봄에 백성에게 빌려주고 가을에 이자를 붙여 받아들이던 곡식이다. 목사가 이 환곡을 계획 없이 쓴 탓에 큰 위기에 처한 이때 제주 주민들에게 나누어 줄 환곡이 동이 나고 말았다.

"여봐라! 제주 목사를 당장 잡아 오거라."

"네! 분부대로 거행하겠나이다."

제주 목사는 왕에게 불려 갔다.

"제주 목사는 들거라. 너는 제주 주민들에게 나누어 줄 환곡을 어디에 썼느냐?"

"저를 죽여 주시옵소서. 제주도란 곳이 너무 살기가 힘든 곳이라 백성들이 굶주릴 때마다 내주다 보니 관리를 소홀하게 되었습니다."

왕은 사정을 듣고 나서 문책하던 것을 멈추고 제주 목사를 돌려보냈다. 그리고 이튿날 새 목사를 선출해 발령했다.

제주는 가뭄이 아니어도 바람 때문에 농사를 망칠 때가 많았다. 새 목사가 부임한 해에는 비가 많이 와서 다행이었다. 그런데 거대한 태풍으로 돌들이 마구 날려 곡식이 다 쓰러지고 말았다. 거기다가 바닷물까지 넘쳐 짠물이 밭으로 들어와 농사를 완전히 망치고 말았다. 계속되는 식량난에 또다시 흉년이 들자 새로 부임한 목사는 위기 상황을 왕에게 보고했다.

나라에서는 급한 대로 곡물 1만 1천 섬을 배로 제주에 수송해 주기로 했다. 그런데 문제가 생기고 말았다. 수송하던 배 가운데 5척이 침몰한 것이다.

"목사 나으리, 흑흑! 큰일 났수다. 곡물을 싣고 오는 배 5척이 침몰됐수다."

포구에서 일하는 한 백성이 찾아와 목사에게 울면서 알렸다.

"뭣이! 큰일이로고. 그 배에 타고 있던 사람들도 살아오지 못했겠구나!"

"그러하옵니다, 나으리. 흑흑!"

"어허! 이를 어쩐담! 큰일이로고."

목사는 하늘이 무너질 것만 같은 심정이었다. 계속되는 흉년과 보릿고개에 구호품까지 잃게 되었으니 정말 절망적이었다. 제주 백성들은 죽음만을 기다리고 있어야 할 판국이었다. 굶어 죽은 시신들은 갈수록 더 늘어만 갔다. 살아 있는 사람들은 눈이 쑥 들어간 채로 죽음을 눈앞에 두고 있었다.

만덕이 그 소식을 듣고 마을을 한 바퀴 둘러보러 나왔다.

"어허! 어찌하여 이런 지경에까지 이르게 되었는가!"

만덕은 많은 주민들이 굶주려 사경을 헤매는 것을 보고 그대로 둬서는 안 될 일이라고 생각했다.

제주 백성을 구한 어머니

만덕은 이제까지 모은 재산을 모두 내놓기로 마음먹었다. 그래서 곧바로 쌀 수송선과 제주와 전라도 사이의 뱃길에 익숙한 사공들을 구하고 나섰다.

"자네들, 지금부터 내 말을 부디 명심하게나. 이 돈으로 쌀을 사 오면 죽어 가는 사람들을 살릴 수 있을 것이네. 부디 무사히 쌀을 싣고 돌아와 주시게. 자네들의 손에 제주 백성들의 목숨이 달려 있네."

"여부가 있겠습니까. 마님 덕분에 우리 처자식도 살게 되었는걸요."

"부디 조심해서 잘 다녀오시게."

"알았수다."

만덕은 모여든 사공들에게 단단히 당부했다. 쌀은 다행히도 며칠 후 제주에 도착했다.

"마님, 저기 쌀 실은 배가 들어오고 있습니다."

만덕을 도와주는 일꾼 한 명이 배를 발견하고 기뻐서 만덕에게 달려가 알렸다.

"아이고! 이제 살았구먼. 이제 우리 제주 백성들이 살았어."

만덕은 일꾼의 말을 듣고 포구로 나갔다.

"걱정했는데 잘 다녀오셔서 고맙네그려."

"오면서 풍랑이 일어 다 죽는 줄 알았는데 하늘이 저희를 도왔수다."

"자! 자네들은 수고했으니 이제 쉬고 여기 자네들이 수고 좀 해 주시게. 우선 이쪽으로 곡물을 다 내려놓게나."

만덕은 쌀을 운반해 온 인부들은 곡물과 노잣돈을 주어 집으로 보내고 미리 불러 놓은 인부들에게 일을 시켰다. 만덕은 먼저 자신이 먹을 쌀을 조금 덜어 놓고 나서 나머지는 모두 관아로 운반하라고 했다.

"아니! 이게 무엇인가?"

"김만덕이라는 사람이 제주 백성들에게 나누어 주라고 내놓은 곡물이옵니다."

"뭣이?"

이를 맞이한 관리는 들어오는 곡물 더미를 보고 깜짝 놀랐다. 그리고 재빨리 목사에게 뛰어가 이 사실을 알렸다.

"뭐야? 어찌된 영문인지 알고 싶으니 빨리 그리로 나를 안내하게나."

목사가 관리를 따라 마당으로 나가 보니 곡물 가마니가 가득했다.

"어찌 된 것이냐!"

"저기 김만덕이라는 여인이 제주 백성들을 구하고자 내놓았다 하옵니다."

관리는 김만덕을 가리키며 말했다.

"자네가 김만덕인가?"

"네."

"어찌 이렇게 큰일을 했는가? 그 연유는 차차 듣기로 하고 먼저 백성들의 목숨을 구하는 게 더 시급하니 곡물을 나누게나."

"네, 목사 나으리."

"자, 먼저 누렇게 부황이 든 자들에게 나누어 주게나."

"네, 알겠사옵니다."

인부들은 다 죽어 가는 주민들에게 쌀을 날아다 주느라 분주하게 움직였

다. 그 많은 쌀들은 어느새 제주 백성들의 집으로 배달이 되었다. 그날 제주 지역 굴뚝에서는 밥 짓는 연기가 모락모락 피어오르고 구수한 밥 냄새가 온 동네에 가득했다.

모처럼 만에 제주에 평화가 찾아온 것 같아 목사와 관리들도 흐뭇했다.

"나를 살려 준 은인 만덕이!"

"우리 제주 백성을 구해 준 만덕이 만세!"

제주 백성들은 남녀 할 것 없이 모두 만덕에게 고마움을 전했다. 이때가 만덕의 나이 57세였다.

제주 목사가 만덕을 불렀다.

"어찌하여 그렇게 큰일을 하기로 결심했는가?"

"소인은 큰일이라 생각지 않습니다. 제주 백성들을 상대로 번 돈이니 제주 백성들이 어려울 때 써야 한다고 생각해 그리하였을 뿐이옵니다."

"정말 고마운 사람이로고. 내 자네 성품은 익히 들어서 알고 있었지만 정말로 큰사람일세."

제주 목사는 이튿날 만덕의 일을 정조왕에게 보고했다. 정조왕은 제주 목사가 올린 보고서를 보고 만덕을 기특하고 신기한 여인이라고 칭찬했다.

"아니, 어떻게 양반도 아니고, 남자도 아닌 일개 제주도 아낙이 이런 큰일을 자원해서 할 수가 있단 말인가. 제주도 사대부 중에도 가장 큰 몫을 감당한 자가 삼백 석에 불과한데 미천한 아낙이 오백 석이나 내놓아 백성들의 목숨을 구하다니. 양반 같으면 벼슬을 올려 주면 되고 천민이라면 천민 신분에서 풀어 주는 길이 있겠는데 만덕에게는 어떤 상을 주면 좋을까?"

정조왕은 만덕의 일에 감탄하며 만덕에게 내릴 상에 대해 고민을 하다가 신하를 불렀다.

"제주 목사에게 전하거라. 만덕에게 소원이 있다면 쉽고 어렵고를 따지지 말고 특별히 베풀어 주도록 하라 전하라."

제주 목사는 어명을 받고 만덕을 불렀다.

"만덕아, 네 소원이 무엇이더냐?"

만덕은 어리둥절하였다. 제주 목사는 만덕의 대답이 몹시 궁금했다.

"제가 몇 년 전 나라에 큰 은혜를 입었습죠. 기생으로 있을 때 제 양인의 신분을 되찾기 위해 예전 목사님께 부탁을 드리며 약속한 게 있어요. 바로 제주를 위해 큰일을 하겠다는 약속이었죠. 그 약속을 이제야 지키게 된 것뿐입니다. 상을 미리 받은 게지요."

"오호! 나도 너에 대한 그 소식은 듣고 있었다만 이번 일은 많은 생명을 살려 낸 일이니 상을 받아야 마땅하구나. 어디 한번 말해 보거라."

만덕은 망설였다. 어릴 때부터 죽기 전에 가 보고 싶었던 곳이 있었다. 한양과 금강산이었다. 만덕은 망설이고 망설이다가 조심스럽게 입을 열었다.

"그럼, 염치 불구하고 한 말씀 올리겠나이다. 제게 어릴 때부터 한 가지 소망이 있었습니다. 한양에 가서 임금님 계신 곳을 구경하고, 금강산에 가서 일만 이천 봉우리를 돌아보는 것이었지요."

만덕은 겸손한 목소리로 말했다.

"역시 만덕이 자네답구먼. 한양과 금강산을 구경하고 싶다는 게로구먼. 내 임금님께 그리 보고를 올리리다."

제주 목사는 만덕의 대답에 감탄하고 급히 장계를 작성했다. 당시 조선에서는 제주 여성이 육지로 나갈 수 없도록 법으로 정해 엄히 다스리고 있었다. 그래서 제주에서 육지로 구경을 나가는 여성은 김만덕이 처음이었다. 만덕은 정조왕의 명으로 육지 구경을 떠났다. 정조왕은 만덕이 한양으로 가는 동안 머무는 관아에서 말먹이도 대어 주고, 음식과 잠자리, 여비 등 필요한 것들을 제공하도록 지시를 내렸다. 또한 정조왕은 만덕에게 내의원 의녀반수의 직책을 주어 궁에서 지내게 해 주었다. 만덕은 궁에서 반년 정도 머문 다음 이듬해 늦봄 금강산으로 여행을 떠났다.

만덕이 금강산 여행을 마치고 궁으로 돌아와 다시 제주로 떠나려 하니 형조판서 이기환이 송시를 지어 주었다.

만덕은 제주의 기특한 여인일세
예순 얼굴이 마흔쯤으로 보이는구려.
천금 내어 쌀 사들이고 백성을 구제하였으니
한 번 바다 건너 궁궐을 찾아뵈었구려
다만 원하는 건 금강산을 한 번 유람하는 건데
산은 동북에 안개와 연기로 사이에 있도다
임금은 날랜 역마를 내도록 허락하시니

천리에 뻗힌 광휘는 관동을 떠들썩하게 했네

높이 올라 멀리 굽어보며 마음의 눈을 크게 뜨고는

표현히 손을 저으며 바다급이로 돌아가려나

탐라는 저 멀리 고량부 신인 때부터인데

칭찬 소리 우레 같으며 고니 노닐 듯 빼어나니

높은 기풍 오래 머물러 세상을 맑게 하겠구려

사람이 나서 이름을 세움에 이 같음이 더러 있겠지만

여화청대로 기림은 어찌 족히 몇이나 되리요.

(《구원의 여성 김만덕》, 제주문화원 중에서)

만덕은 정들었던 궁궐 사람들과 작별 인사를 하고 제주로 돌아와 농사도 짓고 병든 사람들도 치료해 주며 살았다.

"제주 성안이 한눈에 내려다보이는 곳에 묻어 주오."

1812년 가을, 만덕은 73세의 나이로 한마디 소박한 유언을 남기고 세상을 떠났다.

김만덕의 흔적을 찾아서

유적지

● **김만덕 기념관**

김만덕 기념관에는 김만덕의 나눔 정신을 기리기 위한 1층 나눔 문화관과 2층 나눔 명상관과 나눔 실천관, 3층 상설 전시관이 있다. 나눔 실천관에서는 나눔 체험을 할 수도 있다. 상설 전시관에서는 나눔과 봉사의 정신을 실천했던 김만덕의 일대기를 한눈에 볼 수 있다.

제주특별자치도 제주시 산지로 7

약력

1739년	제주 현에서 양인 김응열의 외동딸로 태어남.
1750년	부모를 여의고 기생의 딸로 들어감.
1762년	기생에서 해방되어 객주를 차림.
1763년 ~ 1790년대	객주 운영과 무역 일에 몰두함.
1797년	전 재산을 내놓아 굶주린 제주 백성들을 구해 공을 세움.
1798년	왕이 내린 상으로 금강산 여행과 한양 구경을 하고 궁궐에서 의녀 생활을 함.
1812년	제주도로 돌아와 여생을 보내다가 세상을 떠남.

창의력 활동

독서나 체험 학습 후 인상 깊은 장면을 그림으로 그려 숨은 그림 찾기 모형을 만들어 보아요. 그림 안에서 물건 모양을 찾아 보고 그 물건의 이름을 제시해 주세요.

참고 자료

- 《노라노, 열정을 디자인하다》, 노라노 지음, 황금나침반, 2007.
- 《삼국사기》, 김부식 지음, 이강래 옮김, 한길사, 1998.
- 《삼국유사》, 일연 지음, 김원중 옮김, 민음사, 2007.
- 《연수영》, 황원갑 지음, 바움, 2010.
- 《윤희순 평전》, 심옥주 지음, 정언, 2009.
- 《한국 사회복지를 개척한 인물》, 이용교 지음, 광주대학교 출판부, 2013.
- 《호동서락을 가다-남장 여인 금원의 19세기 조선 여행기》, 최선경 지음, 옥당, 2013.
- 《화랑세기》, 김대문 지음, 조기영 편역, 도서출판 장락, 1997.
- 《화랑세기로 본 신라인 이야기》, 이종욱 지음, 김영사, 2000.
- 《20세기 마지막 페미니스트 최승희》, 유미희 지음, 민속원, 2006.
- 〈광주의 어머니 '조아라 여사의 삶과 인생〉, 참여자치21 홈페이지.
- 〈빗창으로 다구찌 도지사 혼쭐낸 재주 해녀 "부춘화"〉, 《신한국문화신문》, 2013. 12. 23.
- 각 시, 도청 홈페이지
- 김만덕 기념관 홈페이지 / www.mandukmuseum.or.kr
- 문화관광부 홈페이지 / www.mcst.go.kr
- 삼척시립박물관 홈페이지 / www.scm.go.kr
- 안성 남사당 바우덕이 축제 홈페이지 / http://www.baudeogi.com
- 한국민족문화대백과사전 / 한국정신문화연구원
- 〈한산 모시짜기 문정옥〉, 《한국문화재보호재단의 무형문화재 이야기》, 한국문화재단 홈페이지, 2011. 12. 2.
- 5.18 구속부상자회 光州市지부 카페 / http://cafe.daum.net/boqk